I0426707

ABBANDONA LA ROUTINE!

COUPLE CHALLENGE
DEFINITIVO

Avventure uniche e esperienze
memorabili per crescere insieme e
trasformare ogni giorno in una sfida di
coppia

*di **Routine Ribelle***

Copyright © 2023 di Routine Ribelle

Tutti i diritti riservati.

Nessuna parte di questo libro può essere riprodotta in qualsiasi forma senza il permesso scritto dell'editore o dell'autore, ad eccezione di quanto consentito dalla legge sul copyright italiana.

SOMMARIO

Capitolo 1

Introduzione alla Rivoluzione di Coppia

1.1. Benvenuti nella Rivoluzione: Introduzione al concetto di sfide di coppia

Benvenuti in un viaggio esaltante che trasformerà il modo in cui vivete la vostra relazione. Questo libro, "Abbandona la routine: Couple Challenge Definitivo", è il vostro passaporto per una rivoluzione amorosa, un'avventura che vi porterà a riscoprire l'altro e a riscoprire voi stessi attraverso sfide di coppia. Siete pronti a intraprendere questa esplorazione entusiasmante e un po' irriverente? Se sì, preparatevi a immergervi in un mondo dove la quotidianità si trasforma in un terreno di gioco, dove ogni giorno diventa un'opportunità per connettersi, divertirsi e crescere insieme.

Le sfide di coppia non sono solo giochi o passatempi; sono potenti strumenti di connessione e scoperta. Attraverso di esse, potrete esplorare nuove dimensioni della vostra relazione, spingendovi oltre i confini della routine e del prevedibile. Le sfide possono variare da semplici attività quotidiane, come preparare insieme una cena sorpresa, a imprese più complesse e audaci, come un'avventura di viaggio inaspettata. Ma qualunque sia la sfida, l'obiettivo rimane lo stesso: rompere la monotonia e infondere energia e passione nella vostra vita di coppia.

Questo libro è nato dall'idea che ogni relazione, a prescindere dalla sua durata o intensità, possa beneficiare di un pizzico di avventura e giocosità. Si basa sulla convinzione che sfidarsi reciprocamente e affrontare insieme nuove esperienze possa rafforzare il legame, migliorare la comunicazione e infondere una dose salutare di entusiasmo nella vita di tutti i giorni. Ma non si tratta solo di competizione; si tratta di creare insieme ricordi, condividere risate, e, a volte, anche superare le proprie paure e limiti.

In questo capitolo, esploreremo il concetto di sfide di coppia, introducendo i diversi tipi di sfide che potrete affrontare. Vi forniremo idee creative e consigli pratici per trasformare ogni giorno in una nuova avventura. Vi mostreremo come piccoli gesti possono avere un impatto significativo e come attività appassionanti possano ravvivare la vostra relazione.

Non importa se siete insieme da mesi o decenni; c'è sempre spazio per scoprire qualcosa di nuovo l'uno dell'altro. Queste sfide sono state pensate per adattarsi a coppie di ogni età e fase della relazione. Sono flessibili e possono essere personalizzate per rispecchiare i vostri interessi, la vostra personalità e le vostre circostanze di vita.

Mentre procedete nella lettura, tenete a mente che ogni sfida deve essere intrapresa con rispetto, amore e un pizzico di spirito avventuroso. Ricordate, l'obiettivo non è vincere contro il proprio partner, ma creare un'esperienza condivisa che arricchisca la vostra relazione.

Nel prossimo punto approfondiremo i benefici specifici che queste sfide possono apportare alla vostra relazione. Esploreremo come possano migliorare la comunicazione, aumentare l'intimità e rafforzare la vostra comprensione reciproca. Ma prima di immergerci nei dettagli, lasciate che vi guidi attraverso l'essenza stessa di ciò che rende queste sfide così potenti e trasformative.

E ora, lasciate che la rivoluzione abbia inizio!

1.2. Perché Sfide? Spiegare i benefici delle sfide per la relazione.

Dopo aver accolto l'idea di una rivoluzione amorosa attraverso le sfide di coppia, potreste chiedervi: perché proprio le sfide? Qual è il loro vero impatto sulla relazione? In questo capitolo, esploreremo i molteplici benefici che le sfide possono apportare alla vostra vita di coppia, dimostrando come possano essere un potente catalizzatore per il rafforzamento del legame e la crescita personale.

1. Rompere la Monotonia: Uno dei maggiori nemici di una relazione a lungo termine è la routine. Le sfide introducono elementi di novità e sorpresa, rompendo la monotonia quotidiana. Questo rinnovamento stimola entrambi i partner, ravvivando la scintilla e l'entusiasmo che possono affievolirsi nel corso del tempo.

2. Migliorare la Comunicazione: Affrontare sfide insieme richiede comunicazione aperta e onesta. Che si tratti di pianificare un'avventura o di risolvere un puzzle, dovrete imparare a esprimere i vostri pensieri e sentimenti in modo chiaro. Questo rafforza le abilità comunicative, essenziali per una relazione sana e duratura.

3. Costruire Fiducia: Le sfide possono anche essere un potente strumento per costruire fiducia. Affidarsi l'uno all'altro in situazioni nuove e talvolta impegnative rafforza il senso di sicurezza e affidabilità all'interno della coppia.

4. Crescita Personale e di Coppia: Le sfide spingono entrambi i partner fuori dalla loro zona di comfort. Questo non solo favorisce la crescita personale ma anche quella di coppia, poiché condividere esperienze di apprendimento e superamento di ostacoli rafforza il legame.

5. Migliorare l'Intimità e la Connessione: Le sfide creano momenti unici di connessione. Ridere, risolvere problemi insieme o semplicemente condividere un'esperienza nuova, tutto ciò può aumentare l'intimità emotiva e fisica.

6. Promuovere la Salute e il Benessere: Molte sfide incoraggiano attività fisica, che può migliorare la salute e il benessere generale. Sentirsi bene fisicamente può avere un impatto positivo sulla relazione.

7. Sviluppare il Lavoro di Squadra: Superare sfide insieme insegna a funzionare come una squadra. Imparerete a supportarvi a vicenda, a dividere i compiti e a collaborare verso un obiettivo comune.

8. Creare Ricordi Felici: Ogni sfida superata diventa un ricordo prezioso. Questi ricordi felici servono come fondamenta positive per la relazione, ricordandovi i momenti belli passati insieme.

9. Aumentare il Rispetto e l'Amore: Vedere il proprio partner impegnato in una sfida, dimostrando coraggio, creatività o dedizione, può aumentare il rispetto reciproco e approfondire i sentimenti d'amore.

10. Divertimento e Gioia: Infine, e non meno importante, le sfide sono divertenti. Ridere e divertirsi insieme è fondamentale per mantenere viva la relazione.

Mentre procedete nella lettura di questo libro, vi invitiamo a riflettere su questi benefici e a considerare come le sfide possano arricchire la vostra relazione. Nel prossimo capitolo vi forniremo strumenti e strategie per intraprendere queste avventure in modo efficace e soddisfacente. Vi guideremo attraverso il processo di selezione delle sfide giuste per voi, la pianificazione e l'esecuzione, e come trarre il massimo da ogni esperienza. Preparatevi a trasformare le sfide in opportunità di crescita, connessione e, soprattutto, divertimento.

1.3. Come Affrontare le Sfide: Consigli pratici per affrontare le sfide proposte

Avete compreso l'importanza delle sfide nella vostra relazione e siete pronti a immergervi in questa avventura. Ora, come affrontare queste sfide in modo che siano piacevoli, stimolanti e arricchenti per entrambi? Ecco alcuni consigli pratici per trasformare ogni sfida in un'opportunità di crescita e divertimento.

- **Scegliete le Sfide Insieme**: La prima regola fondamentale è scegliere le sfide insieme. Dedicate del tempo a discutere e decidere quali sfide vi interessano di più. Questo non solo garantisce che entrambi siano a bordo, ma rafforza anche la comprensione reciproca e il rispetto delle preferenze dell'altro.

- **Definite Obiettivi Chiari**: Per ogni sfida, stabilite obiettivi chiari. Che si tratti di migliorare la comunicazione, aggiungere un po' di divertimento alla vostra routine o semplicemente passare del tempo di qualità insieme, avere un obiettivo chiaro vi aiuterà a rimanere concentrati e motivati.

- **Preparatevi Appropriatamente**: Alcune sfide richiedono una preparazione fisica, mentale o logistica. Che sia una gara di cucina o un'escursione in montagna, assicuratevi di avere tutto il necessario per affrontare la sfida in sicurezza e con successo.

- **Comunicazione durante le Sfide**: Mantenere una comunicazione aperta e supportiva durante la sfida è cruciale. Incoraggiatevi a vicenda, discutete strategie e, soprattutto, ascoltate. La comunicazione efficace è la chiave per superare qualsiasi ostacolo insieme.

- **Rispettate i Limiti e le Paure**: È importante rispettare i limiti e le paure del partner. Se una sfida sembra troppo intimidatoria per uno di voi, è meglio adattarla o sceglierne un'altra. Le sfide dovrebbero essere stimolanti, non spaventose.

- **Affrontate le Sfide con Positività**: Affrontate ogni sfida con un atteggiamento positivo. Ricordate, l'obiettivo non è vincere o perdere, ma vivere un'esperienza condivisa che arricchisca la vostra relazione.

- **Bilanciate Competizione e Cooperazione**: Anche nelle sfide competitive, è importante mantenere un equilibrio con la cooperazione. Ricordatevi che siete una squadra e che il vero obiettivo è migliorare la vostra relazione.

- **Valutate e Imparate da Ogni Sfida**: Dopo ogni sfida, prendetevi un momento per riflettere su ciò che avete imparato e su come avete interagito come coppia. Queste valutazioni possono offrire intuizioni preziose per le future sfide.

- **Divertitevi**: Non dimenticate che l'elemento più importante di ogni sfida è il divertimento. Ridete insieme, godetevi il processo e celebratene i momenti speciali.

- **Non Abbiate Paura di Fallire**: Infine, non abbiate paura di fallire in una sfida. Ogni esperienza, anche quella meno riuscita, è un'opportunità per imparare e crescere insieme.

Nel capitolo, "Regole del Gioco: Impostare regole sane per le sfide", approfondiremo l'importanza di stabilire regole e limiti chiari per garantire che le sfide siano non solo divertenti e stimolanti, ma anche sicure e rispettose della vostra relazione. Queste regole saranno il fondamento su cui costruire un'esperienza di sfida positiva e arricchente per entrambi.

1.4. Regole del Gioco: Impostare regole sane per le sfide

Per garantire che le sfide di coppia non solo rafforzino la vostra relazione, ma siano anche un'esperienza piacevole e sicura per entrambi, è fondamentale stabilire alcune regole di base. Queste regole fungeranno da guida e vi aiuteranno a navigare attraverso le sfide in modo rispettoso e costruttivo.

➢ **Consenso e Conforto**: La regola più importante è che entrambi i partner devono sentirsi a proprio agio e dare il loro pieno consenso per ogni sfida. Se una sfida non si adatta a uno di voi, è meglio riconsiderarla o adattarla. Il comfort e il benessere di entrambi devono sempre venire prima di tutto.

➢ **Onestà e Trasparenza**: Siate onesti l'uno con l'altro riguardo ai vostri sentimenti, paure e aspettative. La trasparenza è fondamentale, specialmente quando si affrontano sfide che possono spingervi fuori dalla vostra zona di comfort.

➢ **Rispetto dei Limiti**: Ogni persona ha i propri limiti e questi devono essere rispettati.

Stabilite limiti chiari prima di iniziare qualsiasi sfida e impegnatevi a non superarli. Se uno dei partner si sentisse a disagio, la sfida dovrebbe essere immediatamente rivista o interrotta.

➢ **Comunicazione Costante**: Mantenete una comunicazione aperta e costante durante tutte le sfide. Se qualcosa non va come previsto, parlatene. La comunicazione è la chiave per evitare malintesi e garantire che entrambi stiate godendo dell'esperienza.

➢ **Nessuna Penalizzazione per il Ritiro**: Ritirarsi da una sfida non deve mai essere visto come un fallimento, ma come un atto di autoconsapevolezza e rispetto reciproco. Accettate che ritirarsi è un'opzione valida e non dovrebbe portare a penalizzazioni o sentimenti negativi.

➢ **Gioco Equo**: Nelle sfide che implicano un elemento di competizione, assicuratevi di giocare in modo equo. Evitate comportamenti scorretti o manipolativi.

Ricordate, l'obiettivo è migliorare la relazione, non vincere a tutti i costi.

➢ **Supporto e Incoraggiamento**: Supportatevi a vicenda, anche durante le sfide più difficili. L'incoraggiamento reciproco può trasformare un'esperienza impegnativa in un momento di crescita condivisa.

➢ **Rispetto dei Tempi e degli Spazi**: Rispettate i tempi e gli spazi personali. Se uno dei partner avesse bisogno di una pausa o di tempo per riflettere, l'altro dovrebbe essere comprensivo e supportivo.

➢ **Celebrare le Vittorie e Apprendere dalle Sconfitte**: Celebrate insieme le vostre vittorie e imparate dalle sconfitte. Ogni sfida, indipendentemente dal suo esito, è un'opportunità per imparare qualcosa di nuovo sulla vostra relazione.

➢ **Divertimento e Positività**: Non perdete mai di vista il fatto che le sfide dovrebbero essere divertenti. Affrontatele con un atteggiamento positivo e con l'intenzione di godervi l'esperienza insieme.

Una volta stabilite queste regole, sarete pronti ad affrontare le sfide con una mentalità adeguata. Quindi adesso esploreremo come approcciare le sfide con la giusta mentalità, garantendo che ogni sfida sia un'esperienza positiva e gratificante. Questa preparazione mentale è cruciale per assicurare che le sfide rafforzino la vostra relazione anziché crearvi stress o ansia.

1.5. Mentalità della Sfida: Prepararsi mentalmente alle sfide

Avere le giuste regole per le sfide di coppia è fondamentale, ma è altrettanto cruciale entrare in queste sfide con una mentalità adeguata. La mentalità con cui vi approcciate alle sfide può fare la differenza tra un'esperienza che rafforza la vostra relazione e una che potrebbe creare tensioni. Ecco alcuni consigli su come prepararsi mentalmente per trasformare ogni sfida in un'opportunità di crescita e connessione.

- **Apertura al Nuovo**: Iniziate con un atteggiamento di apertura verso nuove esperienze. Siate pronti a esplorare territori sconosciuti insieme, sia fisicamente che emotivamente. Questa apertura vi permetterà di abbracciare pienamente le sfide, senza preconcetti o resistenze.

- **Mentalità di Crescita**: Adottate una mentalità di crescita, credendo che ogni sfida sia un'opportunità per sviluppare nuove abilità, rafforzare la vostra relazione e imparare di più l'uno dell'altro. Evitate di vedere le sfide come ostacoli o test, ma piuttosto come percorsi per il miglioramento personale e di coppia.

- **Aspettative Realistiche**: Stabilite aspettative realistiche. Non tutte le sfide andranno come previsto, e questo va bene. Il successo non si misura nel completare perfettamente una sfida, ma nell'impegno, nel divertimento e nell'apprendimento che ne derivano.

- **Affrontare le Paure**: Riconoscete e accettate le vostre paure. È naturale sentirsi ansiosi di fronte a qualcosa di nuovo o di sfidante. Parlate delle vostre paure con il partner e usatele come opportunità per supportarvi e rassicurarvi a vicenda.

- **Emozioni Positive**: Concentratevi sulle emozioni positive che le sfide possono portare. Anticipate il divertimento, l'emozione e la soddisfazione che proverete durante e dopo la sfida. Questo atteggiamento positivo può trasformare l'esperienza in qualcosa di piacevole e gratificante.

- **Imparare dalla Sconfitta**: Siate pronti ad accettare e imparare dalla sconfitta. Non tutte le sfide si concluderanno con un successo, e ciò non deve scoraggiare. Ogni tentativo, sia che conduca a un successo sia che no, è un passo avanti nella vostra relazione.

- **Sostenersi a Vicenda**: Preparatevi a sostenervi reciprocamente. Le sfide possono essere più facili da affrontare quando sapete di avere il supporto incondizionato del vostro partner. Questo sostegno reciproco è fondamentale per superare gli ostacoli.

- **Flessibilità e Adattabilità**: Siate flessibili e adattabili. Se una sfida non va come previsto, siate pronti a modificare i vostri piani o adattare la sfida alle nuove circostanze. Questa flessibilità vi permetterà di godervi l'esperienza indipendentemente dal risultato.

- **Divertirsi Insieme**: Infine, ricordatevi di divertirvi. L'obiettivo principale delle sfide è di aggiungere gioia e eccitazione alla vostra relazione. Ridete degli errori, gioite dei successi e godetevi ogni momento trascorso insieme.

Entrando nel prossimo capitolo, "Sfide Quotidiane per Accendere la Scintilla", manterremo questa mentalità positiva e

proattiva.   Esploreremo   sfide   giornaliere
divertenti e realizzabili, che potrete incorporare
nella vostra routine per mantenere viva la scintilla
nella vostra relazione. Queste sfide quotidiane
sono progettate per essere accessibili, piacevoli
e per rafforzare il legame tra voi e il vostro
partner.

Capitolo 2

Sfide Quotidiane per Accendere la Scintilla

2.1. La Sfida del Caffè Mattutino: Chi prepara il miglior caffè

Una delle sfide quotidiane più piacevoli e semplici da incorporare nella vostra routine di coppia è la "Sfida del Caffè Mattutino". 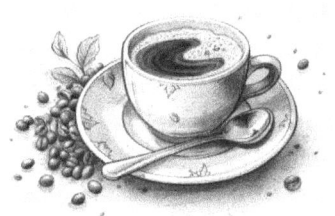 Questa sfida non solo inietta un po' di sana competizione nel vostro risveglio quotidiano, ma è anche un modo per esprimere creatività e cura per il partner. In questo capitolo, esploreremo come trasformare il semplice atto di preparare il caffè in un'avventura quotidiana che potrà rivelarsi sorprendentemente divertente e legante.

1. **La Preparazione**: Prima di tutto, assicuratevi di avere tutto il necessario: una buona macchina da caffè, caffè di qualità, e qualsiasi altro ingrediente che possiate voler includere, come latte, zucchero, spezie o aromi. Potreste anche voler esplorare diverse tecniche di preparazione del caffè, come la moka, la pressa francese o il caffè filtro, per aggiungere varietà alla sfida.

2. **Creatività e Personalizzazione**: Ogni partner dovrebbe cercare di personalizzare il caffè secondo i gusti e le preferenze dell'altro. Questo richiede di conoscere e capire ciò che il vostro partner apprezza veramente in una buona tazza di caffè. Non abbiate paura di essere creativi: forse un pizzico di cannella o una guarnizione speciale possono fare la differenza.

3. **Presentazione**: Non sottovalutate l'importanza della presentazione. La tazza perfetta, una disposizione accattivante o un piccolo biglietto possono trasformare il

caffè mattutino in un'esperienza speciale. Ricordate, l'obiettivo è mostrare al vostro partner quanto vi importi.

4. **Degustazione e Feedback**: Quando entrambi i caffè sono pronti, dedicate un momento per assaggiarli insieme. Discutete apertamente ciò che vi piace di ogni caffè, offrendo feedback costruttivi e apprezzamento per gli sforzi dell'altro. Questo momento di condivisione può rafforzare la vostra connessione mattutina.

5. **Turnazione e Variazione**: Alternate chi prepara il caffè ogni giorno, o settimanalmente, per mantenere la sfida equilibrata e interessante. Potete anche stabilire temi settimanali o mensili, come "caffè internazionali" o "sfide a sorpresa", per mantenere viva l'eccitazione.

6. **Imparare e Migliorare**: Considerate ogni tentativo come un'opportunità per imparare qualcosa di nuovo sulle preferenze del caffè del vostro partner e per migliorare le vostre abilità di barista. Ogni giorno è un nuovo

inizio, un'occasione per superare voi stessi e deliziare il vostro partner.

7. **Riconoscimento e Apprezzamento**: Infine, non dimenticate di mostrare apprezzamento per gli sforzi dell'altro. Un complimento sincero può iniziare la giornata sul tono giusto.

La "Sfida del Caffè Mattutino" è un modo semplice ma efficace per aggiungere un tocco di cura e giocosità alla vostra routine mattutina. Nel prossimo capitolo, "Gara di Pulizia Lampo: Chi pulisce meglio e più velocemente", passeremo da una sfida di gusto e creatività a una di efficacia e velocità. Questo cambio di ritmo mantiene le sfide fresche e interessanti, assicurando che la vostra routine di coppia sia sempre piena di sorprese e momenti di condivisione.

2.2 Gara di Pulizia Lampo: Chi pulisce meglio e più velocemente

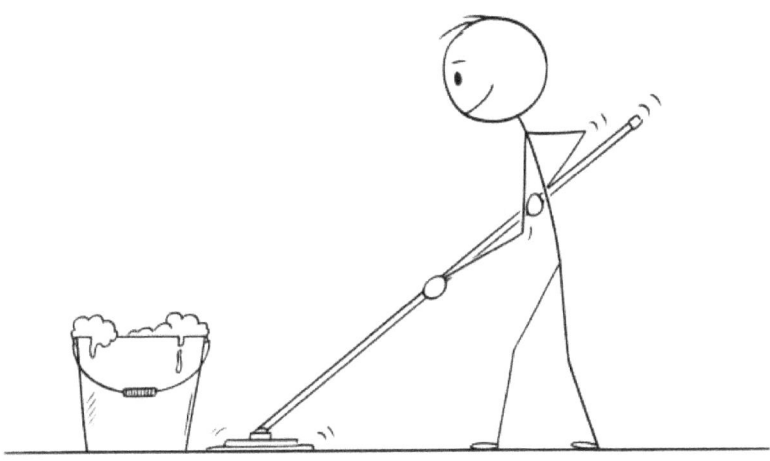

Dopo aver aggiunto sapore e affetto alla vostra mattina con la sfida del caffè, è tempo di spostare l'energia verso un'attività pratica che beneficia l'intera casa: la pulizia. La "Gara di Pulizia Lampo" non è solo un modo per mantenere la vostra casa in ordine, ma può anche trasformarsi in un divertente e energico modo di collaborare. In questo capitolo, esploreremo come trasformare la pulizia da noiosa faccenda domestica in una gara dinamica e gratificante.

❖ **Preparazione e Organizzazione**: Prima di iniziare, decidete quali aree della casa includerete nella sfida. Potrebbe essere la cucina, il soggiorno, le camere da letto o anche il bagno. Assicuratevi di avere tutti i materiali necessari come detersivi, spugne, scopa, ecc., e stabilite regole chiare su cosa significa "pulire bene".

❖ **Impostare un Timer**: La sfida consiste nel pulire non solo bene, ma anche velocemente. Impostate un timer per aggiungere un elemento di pressione temporale, che rende la sfida più emozionante. Questo può essere adattato in base alla dimensione dell'area da pulire e alla difficoltà del compito.

❖ **Giudizio Equo**: Una volta terminato il tempo, è il momento di valutare i risultati. Potreste decidere di giudicare l'uno il lavoro dell'altro o, per un approccio più obiettivo, potreste scattare foto e chiedere a un amico o a un membro della famiglia di fare da giudice imparziale.

❖ **Creatività nella Pulizia**: Non limitatevi a chi pulisce più velocemente, ma considerate anche chi lo fa con maggiore creatività. Forse uno di voi ha organizzato gli oggetti in modo particolarmente accattivante o ha trovato un modo innovativo per rimuovere una macchia ostinata.

❖ **Riconoscimento e Ricompense**: Stabilite un sistema di ricompense per il vincitore, che potrebbe essere qualcosa di semplice come non dover fare la lavastoviglie quel giorno o una colazione a letto il giorno successivo. Questo aggiunge un ulteriore elemento di divertimento e motivazione alla sfida.

❖ **Imparare e Adattarsi**: Usate questa sfida come un'opportunità per imparare nuovi metodi di pulizia l'uno dall'altro e per adattare le vostre abitudini di pulizia per essere più efficienti e meno faticose.

❖ **Mantenere il Divertimento**: La parte più importante è mantenere il divertimento. Mettete della musica allegra, fate delle pause per scherzare o sfidarvi a vicenda, e godetevi il processo tanto quanto il risultato.

La "Gara di Pulizia Lampo" è un modo eccellente per rendere le faccende domestiche meno monotone e più coinvolgenti. Ora sposteremo l'attenzione da un'attività domestica a una sfida finanziaria. Questa nuova sfida vi incoraggerà a essere consapevoli e creativi con le vostre finanze, mantenendo lo spirito giocoso e competitivo.

2.3. Sfida del Risparmio Creativo: Competizione su chi spende meno in una settimana

Dopo aver condiviso la vivacità di una gara di pulizia lampo, è il momento di passare a una sfida che unisce praticità e creatività finanziaria. La "Sfida del Risparmio Creativo" non è solo un gioco; è un esercizio utile che può insegnare importanti lezioni sulla gestione del denaro e sul consumo consapevole. In questo capitolo, esploreremo come questa sfida possa non solo aggiungere un po' di divertimento alla vostra routine, ma anche promuovere abitudini finanziarie più sane.

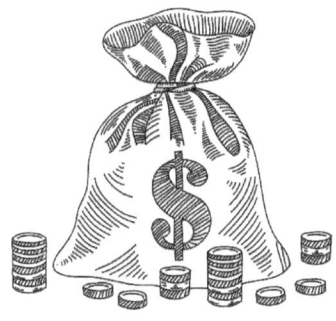

Impostazione della Sfida: La sfida è semplice: chi riesce a spendere meno durante la settimana vince. Stabilite un periodo di una settimana e iniziate contemporaneamente. È importante concordare su alcune regole di base, come le spese escluse dalla sfida (ad esempio, bollette fisse o necessità preesistenti).

★ **Pianificazione e Budgeting**: Prima di iniziare, pianificate le vostre spese. Ciò potrebbe includere la preparazione dei pasti per ridurre gli acquisti di cibo al di fuori, limitare o eliminare lo shopping impulsivo e trovare alternative economiche o gratuite per il tempo libero.

★ **Creatività nel Risparmio**: La sfida non consiste solo nel non spendere, ma nel trovare modi creativi per risparmiare. Potreste sperimentare ricette economiche, utilizzare mezzi di trasporto meno costosi, o anche trovare modi divertenti per godersi il tempo libero senza spendere soldi.

★ **Tracciamento delle Spese:** Tenete traccia delle vostre spese giornaliere. Potete usare un'app di budgeting, un foglio di calcolo o anche un semplice quaderno. La chiarezza e la trasparenza sono essenziali per rendere la sfida equa e informativa.

★ **Discussione e Riflessione:** A fine settimana, confrontate le spese e discutete insieme delle strategie che avete utilizzato per risparmiare. Questo è un ottimo momento per riflettere su come le abitudini di spesa influenzano la vita quotidiana e la relazione.

★ **Imparare e Crescere Insieme:** Utilizzate questa sfida come un'opportunità per imparare l'uno dall'altro su come gestire meglio il denaro. Le lezioni apprese possono essere utili per pianificare il futuro finanziario insieme.

★ **Ricompense e Incentivi:** Considerate di stabilire una ricompensa per il vincitore, che potrebbe essere qualcosa di simbolico come scegliere il film per la serata di cinema o decidere la destinazione per una gita. Tuttavia, ricordate che il vero premio è migliorare le vostre abitudini finanziarie.

★ **Mantenere il Divertimento**: Anche se è una sfida finanziaria, cercate di mantenere un atteggiamento giocoso. Ridete dei vostri errori e celebrate i vostri successi, piccoli o grandi che siano.

La "Sfida del Risparmio Creativo" porta nella vostra relazione un elemento di responsabilità finanziaria, insegnandovi a essere più consapevoli delle vostre abitudini di spesa. In "Flash Mob Casalingo: Organizzare un flash mob in casa", cambieremo completamente scenario, passando da una sfida pratica e quotidiana a un'attività che richiede energia, coordinazione e un pizzico di follia. Questa varietà nelle sfide assicura che la vostra routine di coppia sia sempre stimolante e piena di sorprese.

2.4. Flash Mob Casalingo: Organizzare un flash mob in casa

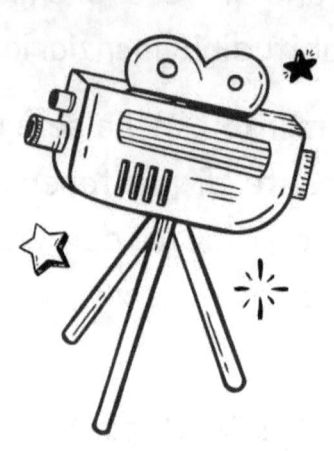

Dopo aver esplorato il mondo del risparmio creativo, è tempo di aggiungere un po' di brio e vivacità alla vostra routine di coppia con una sfida del tutto unica: il "Flash Mob Casalingo". Questa attività non solo aggiunge un elemento di sorpresa e divertimento alla vostra quotidianità, ma è anche un modo per sperimentare la gioia della danza, della musica e dell'espressione creativa insieme, nel comfort della vostra casa.

☺ **Pianificazione Segreta**: La chiave di un flash mob casalingo è la sorpresa. Ognuno di voi dovrà pianificare segretamente un flash mob per l'altro, scegliendo la musica, la coreografia e il momento perfetto per la performance. La sfida è mantenere tutto segreto fino al momento della rivelazione.

☺ **Scegliere la Musica e la Coreografia**: Scegliete una canzone che abbia un significato speciale per la vostra relazione o semplicemente una che sappiate metterà di buon umore il vostro partner. La coreografia non deve essere complicata; l'importante è che sia divertente e eseguibile in uno spazio domestico.

☺ **Preparazione e Prove**: Anche se l'obiettivo è divertirsi, metterci un po' di impegno nella preparazione può rendere la performance ancora più speciale. Prove segrete e preparazione della coreografia aggiungeranno un elemento di eccitazione e anticipazione.

☺ **Il Momento della Sorpresa**: Scegliete il momento perfetto per il vostro flash mob. Potrebbe essere al mattino, per iniziare la giornata con energia, o alla sera, per rilassarsi dopo il lavoro. La sorpresa e l'elemento spontaneo sono essenziali per il successo del flash mob.

☺ **Registrazione e Condivisione**: Se vi sentite a vostro agio, registrate la vostra performance. Questo non solo vi permetterà di condividere un ricordo felice, ma potrete anche guardarlo insieme in seguito e ridere delle vostre mosse di danza.

☺ **Feedback e Apprezzamento**: Dopo ogni flash mob, prendetevi un momento per apprezzare gli sforzi dell'altro. Discutete ciò che vi è piaciuto di più e condividete l'esperienza vissuta.

☺ **Il Potere del Gioco e del Divertimento**: Questa sfida vi ricorda l'importanza del gioco e del divertimento in una relazione. Ballare insieme, anche in modo goffo o imbarazzante, può rafforzare il vostro legame e aggiungere una scintilla di gioia alla vostra vita di coppia.

☺ **Imparare e Crescere Insieme**: Ogni flash mob è un'opportunità per imparare qualcosa di nuovo su voi stessi e sul vostro partner. Che si tratti di scoprire un talento nascosto per la danza o semplicemente di ridere insieme, ogni momento condiviso è prezioso.

Il "Flash Mob Casalingo" è una sfida che rompe la routine e porta energia e allegria nella vostra casa. Adesso passeremo da una sfida energica a una più riflessiva e pratica assicura che la vostra routine di coppia rimanga varia e stimolante, mantenendo viva la scintilla della novità e dell'avventura.

2.5. Sfida del Pasto Sotto Tempo: Chi prepara la cena migliore nel minor tempo

Dopo l'energia e il divertimento del flash mob casalingo, è il momento di spostare la nostra attenzione su una sfida che unisce creatività e abilità pratiche: la "Sfida del Pasto Sotto Tempo". Questa sfida non è solo un modo per

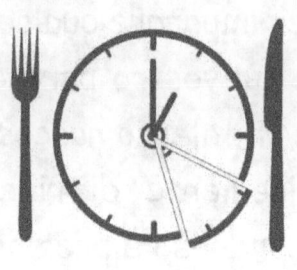

spezzare la monotonia della preparazione dei pasti, ma è anche un'opportunità per sperimentare con la cucina e dimostrare le proprie abilità culinarie in un contesto divertente e leggermente competitivo.

→ **Impostazione della Sfida**: La sfida consiste nel preparare la miglior cena possibile nel minor tempo. Stabilite un limite di tempo, ad esempio 30 minuti, e assicuratevi di avere tutti gli ingredienti necessari a disposizione. L'obiettivo è vedere chi può essere il più creativo e efficiente sotto pressione.

→ **Pianificazione e Strategia**: Anche se il tempo è limitato, una buona pianificazione può fare la differenza. Pensate in anticipo a cosa potete preparare, considerando la facilità e la velocità di cottura degli ingredienti. Ricette semplici ma gustose sono la chiave per avere successo in questa sfida.

→ **Creatività in Cucina**: Sfruttate questa sfida per esplorare nuove ricette o per dare un tocco personale ai piatti classici. L'obiettivo è non solo cucinare qualcosa di gustoso, ma anche presentarlo in modo attraente e originale.

→ **Equilibrio tra Velocità e Qualità**: Mentre è importante rispettare il limite di tempo, la qualità del pasto non dovrebbe essere trascurata. Concentratevi su piatti che sapete di poter preparare bene in un tempo ristretto, piuttosto che rischiare con qualcosa di troppo complicato.

→ **Valutazione del Pasto**: Una volta che entrambi i pasti sono pronti, valutateli insieme. Potreste considerare diversi aspetti come il gusto, la presentazione e l'originalità. Ricordate, però, che l'obiettivo principale è divertirsi e apprezzare gli sforzi dell'altro, non solo vincere.

→ **Condivisione e Godimento**: Dopo la sfida, sedetevi e godetevi i pasti preparati insieme. Questo è un momento perfetto per condividere impressioni, risate e apprezzamenti per gli sforzi reciproci.

→ **Imparare l'Uno dall'Altro**: Ogni sfida del pasto sotto tempo è un'opportunità per imparare nuove tecniche di cucina o ricette l'uno dall'altro. Osservare come il vostro partner gestisce la pressione del tempo e la creatività in cucina può essere un'esperienza illuminante.

→ **Riflessione sulle Abilità e sulle Prestazioni**: Prendetevi un momento per riflettere su ciò che avete imparato sulla vostra capacità di lavorare sotto pressione e sulle vostre abilità culinarie. Considerate cosa potreste migliorare o sperimentare la prossima volta.

La "Sfida del Pasto Sotto Tempo" non solo rende la routine serale più eccitante, ma rafforza anche le vostre capacità di lavorare insieme in un contesto diverso. Nel prossimo capitolo, "Sfide

Creative per Stimolare la Mente", passeremo da una sfida che richiede abilità pratiche in cucina a sfide che stimolano la vostra creatività e ingegnosità in altri modi. Questo passaggio dalle sfide fisiche e pratiche a quelle più riflessive e mentali assicura che la vostra routine di coppia rimanga variegata e stimolante, mantenendo viva la scintilla dell'innovazione e della scoperta.

Capitolo 3
Sfide Creative per Stimolare la Mente

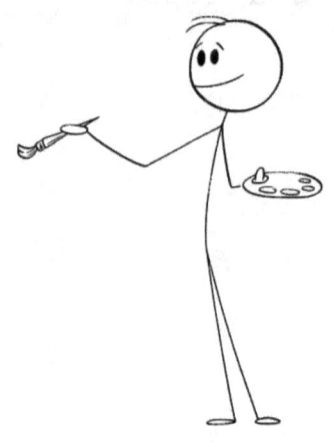

3.1. Duello Artistico: Competizione di pittura o disegno.

Dopo aver stimolato la creatività in cucina, passiamo ora a un'arena diversa ma altrettanto entusiasmante: l'arte. Il "Duello Artistico" è una sfida che permette a ciascuno di voi di esprimere la propria creatività attraverso la pittura o il disegno, trasformando un normale pomeriggio o sera in una vibrante competizione artistica. Questa sfida non solo è un modo per rilassarsi e disconnettersi dalle preoccupazioni quotidiane, ma è anche un'opportunità per esplorare e apprezzare il lato artistico del vostro partner.

- ✓ **Preparazione del Duello**: Scegliete insieme un tema per il vostro duello artistico. Potrebbe essere qualcosa di romantico, un ricordo condiviso, un paesaggio, un ritratto l'uno dell'altro, o anche qualcosa di astratto. Assicuratevi di avere tutti i materiali necessari, come tele, colori, pennelli o matite, e un cronometro per impostare un limite di tempo, rendendo la sfida più emozionante.

- ✓ **Regole e Struttura**: Stabilite le regole di base, come la durata della sfida e se sono permessi o meno riferimenti esterni. Potreste anche decidere di lavorare in una stanza separata per mantenere il mistero e la sorpresa sulle opere finite.

- ✓ **Il Processo Creativo**: Una volta iniziata la sfida, immergetevi nel processo creativo. Non c'è bisogno di essere artisti esperti; quello che conta è l'espressione personale e il divertimento nel creare qualcosa di unico.

Ricordate che ogni tratto di pennello o linea di disegno è un'estensione della vostra personalità e del vostro modo di vedere il mondo.

✓ **Presentazione e Valutazione**: Al termine del tempo stabilito, presentate le vostre opere d'arte l'uno all'altro. Prendetevi un momento per apprezzare il lavoro dell'altro, discutere i vostri processi creativi e i pensieri dietro ogni opera. Questo è un momento per connettersi a un livello più profondo e vedere come ciascuno interpreta il tema scelto.

✓ **Apprezzamento e Rispetto**: Indipendentemente dal risultato, mostrate apprezzamento e rispetto per il lavoro dell'altro. Ricordate che l'arte è soggettiva e l'importante è l'espressione personale e il significato dietro ogni opera.

✓ **Imparare l'Uno dall'Altro**: Utilizzate questa sfida come un'opportunità per imparare di più sulle inclinazioni artistiche e la creatività del vostro partner. Ogni disegno o dipinto è una finestra sul mondo interiore dell'altro.

✓ **Esposizione delle Opere**: Considerate di esporre le opere d'arte in casa. Questo non solo aggiungerà un tocco personale alla vostra abitazione, ma servirà anche come ricordo permanente della vostra sfida creativa.

Il "Duello Artistico" è un modo eccellente per esplorare la creatività e condividere un'esperienza artistica unica. Nel prossimo capitolo passeremo dalla creazione artistica individuale a un'attività che richiede cooperazione e pazienza condivise. Questo passaggio dal singolo esercizio creativo a un'attività di collaborazione assicura che le sfide nel vostro rapporto di coppia rimangano variegate e arricchenti, rafforzando il legame e stimolando continuamente la mente.

3.2. Costruire un Puzzle Personalizzato: Creare e risolvere un puzzle delle proprie foto

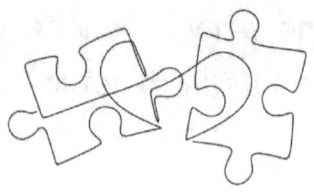 Dopo aver esplorato la vostra creatività attraverso il duello artistico, passiamo ora a un'attività che unisce intelligenza e ricordi condivisi: la creazione e la soluzione di un puzzle personalizzato. Questa sfida non solo richiede pazienza e attenzione al dettaglio, ma è anche un modo meraviglioso per riconnettersi con i momenti speciali che avete condiviso come coppia. Creare un puzzle dalle proprie foto è un'esperienza unica che può rafforzare il vostro legame emotivo.

◊ **Scegliere la Foto Giusta**: Iniziate scegliendo una foto che abbia un significato particolare per entrambi. Potrebbe essere uno scatto dal vostro ultimo viaggio, un evento importante nella vostra relazione o semplicemente un momento felice che avete condiviso. La foto scelta diventerà la base del vostro puzzle personalizzato.

◊ **Creare il Puzzle**: Oggi esistono diversi servizi online che permettono di trasformare le vostre foto in puzzle. Scegliete la dimensione e il livello di difficoltà che preferite. Un puzzle con più pezzi sarà più impegnativo, ma anche più gratificante una volta completato.

◊ *Organizzare una Sessione di Puzzle*: Una volta che il puzzle è pronto, organizzate una serata o un pomeriggio per assemblarlo insieme. Assicuratevi di avere uno spazio ampio e una buona illuminazione. Potete rendere l'atmosfera ancora più piacevole con della musica di sottofondo o una bevanda preferita.

◊ **Lavorare in Team**: Mentre assemblate il puzzle, ricordate che questa è un'attività di squadra. Comunicate, pianificate e godetevi il processo di riassemblaggio dei ricordi.

Questa attività richiede collaborazione e pazienza, aspetti cruciali in ogni relazione.

◊ **Ricordi e Conversazioni**: Mentre lavorate al puzzle, parlate dei ricordi legati alla foto scelta. Questo è un ottimo modo per riconnettersi e condividere sentimenti ed esperienze legate a quel momento.

◊ **La Soddisfazione del Completamento**: Non c'è sensazione migliore che inserire l'ultimo pezzo di un puzzle. Una volta completato, prendetevi un momento per ammirare il vostro lavoro. Questa è una rappresentazione tangibile della vostra capacità di lavorare insieme verso un obiettivo comune.

◊ **Esposizione del Puzzle Completato**: Considerate di incorniciare e appendere il puzzle nella vostra casa. Sarà un costante promemoria della vostra collaborazione e del momento speciale che rappresenta.

◊ **Imparare e Crescere Insieme**: Attraverso questa sfida, imparerete a lavorare insieme in modi che potrebbero essere nuovi e sfidanti. Ogni pezzo del puzzle è come un piccolo passo nella vostra relazione, che insieme costruisce un quadro più grande.

Il "Costruire un Puzzle Personalizzato" è un modo perfetto per combinare l'attività mentale con il valore emotivo. Nel prossimo capitolo, "Gara di Fotografia: Chi scatta la foto più bella o originale", cambieremo il focus dalla creazione condivisa di qualcosa di fisico alla cattura di nuovi momenti o angolazioni attraverso la fotografia. Questa transizione dalla riflessione su ricordi passati alla creazione di nuovi ricordi assicura che le sfide nella vostra relazione restino fresche e continuino a stimolare la vostra creatività e connessione.

3.3. Gara di Fotografia: Chi scatta la foto più bella o originale

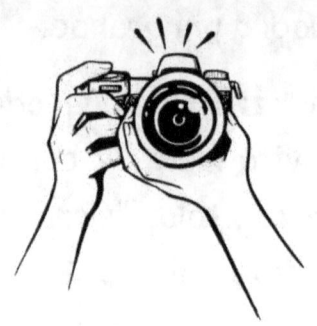 Dopo aver condiviso il piacere di costruire un puzzle personalizzato è tempo di spostare la vostra creatività verso un'altra dimensione artistica: la fotografia. La "Gara di Fotografia" non è solo un modo per esplorare la vostra creatività, ma anche per vedere il mondo attraverso gli occhi del vostro partner. Questa sfida vi incoraggerà a osservare il vostro ambiente quotidiano in modi nuovi e sorprendenti, catturando la bellezza e l'originalità che vi circonda.

- **Stabilire il Tema**: Iniziate scegliendo un tema per la vostra gara fotografica. Potrebbe essere qualcosa di naturale come "paesaggi urbani" o "vita quotidiana", o qualcosa di più astratto come "amore" o "gioia". Scegliere un tema vi aiuterà a concentrare la vostra attenzione e stimolerà la vostra creatività.

- **Regole della Gara**: Decidete insieme le regole di base. Questo potrebbe includere limiti di tempo, restrizioni sull'uso di filtri o software di editing, e se usare una fotocamera professionale o semplicemente lo smartphone. Il punto chiave è che entrambi abbiate le stesse opportunità e risorse.

- **Esplorare e Catturare**: Armatevi della vostra fotocamera e partite all'avventura. Esplorate il vostro quartiere, un parco locale o anche solo la vostra casa, cercando di catturare immagini che rispecchino il tema scelto. Questo è un ottimo modo per esercitare il vostro occhio fotografico e vedere le cose da una prospettiva diversa.

- **Condividere e Discutere**: Dopo aver scattato le vostre foto, condividetele l'uno con l'altro. Dedicate del tempo a discutere di ogni immagine, esplorando il pensiero e la visione dietro ogni scatto. Questo è un momento per apprezzare la visione unica del vostro partner e per condividere la vostra.

- **Valutazione Creativa**: Mentre valutate le foto, considerate sia la bellezza estetica sia l'originalità. Ricordate che la fotografia è soggettiva e ciò che conta di più è l'intento e la passione dietro ogni scatto.

- **Imparare l'Uno dall'Altro**: Questa sfida è anche un'opportunità per imparare l'uno dall'altro. Discutete tecniche fotografiche, composizione e come avete catturato determinati momenti. Questo può essere un modo per migliorare le vostre abilità fotografiche.

- **Creare Ricordi**: Oltre a essere una sfida, quest'attività vi permetterà di creare nuovi ricordi. Le foto scattate possono diventare preziosi ricordi che riflettono il vostro tempo trascorso insieme durante la sfida.

- **Esposizione delle Foto**: Considerate di stampare e esporre alcune delle migliori foto in casa. Questo non solo decora la vostra abitazione, ma serve anche come promemoria quotidiano della vostra creatività e del tempo trascorso insieme.

La "Gara di Fotografia" è un modo eccitante per esplorare la creatività e condividere prospettive uniche. Nel prossimo capitolo cambieremo il focus dalla creatività visuale all'organizzazione fisica dello spazio. Questo passaggio dalla cattura di immagini all'organizzazione dello spazio domestico assicura che le sfide continuino a essere variegate e stimolanti, spingendo entrambi i partner a esplorare nuove modalità di espressione e collaborazione.

3.4. Sfida del Riordino Creativo: Chi organizza meglio uno spazio comune

Dopo aver esplorato la creatività attraverso la lente di una fotocamera, è tempo di indirizzare questa energia creativa verso la trasformazione dello spazio in cui vivete. La "Sfida del Riordino

Creativo" è un'attività che combina organizzazione, estetica e ingegnosità, trasformando uno spazio comune della vostra casa in un'area funzionale e piacevole. Questa sfida non solo migliora l'ambiente in cui vivete, ma stimola anche la creatività nel trovare soluzioni pratiche ed esteticamente gradevoli.

- **Selezione dello Spazio**: Iniziate scegliendo uno spazio comune da riorganizzare. Potrebbe essere il soggiorno, la cucina, una libreria, o anche un piccolo angolo della casa. L'obiettivo è trovare un equilibrio tra funzionalità ed estetica, rendendo lo spazio più accogliente e organizzato.

- **Pianificazione e Visione**: Prima di iniziare, prendetevi del tempo per pianificare come desiderate che lo spazio appaia e funzioni. Considerate il layout, i colori, la disposizione dei mobili e come gli oggetti possono essere organizzati in modo creativo ed efficiente. È utile anche pensare a come lo spazio può riflettere la personalità e le esigenze di entrambi.

- **Tempo per la Creatività**: Stabilite un limite di tempo per completare la sfida. Durante questo periodo, date libero sfogo alla vostra creatività. Potreste dipingere, riorganizzare i mobili, creare decorazioni fai-da-te, o trovare modi innovativi per risolvere problemi di spazio e disordine.

- **Riordino con Significato:** Mentre riorganizzate, pensate a come ogni modifica può migliorare la vostra vita quotidiana. Ogni scelta dovrebbe aggiungere valore allo spazio, sia che si tratti di semplificare le attività quotidiane o di creare un ambiente più rilassante e accogliente.

- **Valutazione e Riflessione:** Una volta completata la sfida, prendetevi un momento per valutare il lavoro dell'altro. Discutete ciò che vi piace di ogni riorganizzazione, le idee creative impiegate e come lo spazio è stato trasformato. Questo è anche un momento per apprezzare gli sforzi e la creatività dell'altro.

- **Condividere e Godere dello Spazio**: Dopo la sfida, prendetevi del tempo per godere dello spazio riorganizzato insieme. Questo potrebbe significare una serata rilassante nel soggiorno rinnovato o un pasto nella cucina appena riorganizzata.

- **Imparare l'Uno dall'Altro**: Ogni sfida è un'opportunità per imparare dall'approccio dell'altro. Forse scoprirete nuovi modi di pensare all'organizzazione o all'estetica che non avevate considerato prima.

- **Rispetto e Adattamento**: Ricordate di rispettare le idee e gli spazi dell'altro. Se una modifica non vi piace, discutetene insieme e trovate un compromesso che soddisfi entrambi.

La "Sfida del Riordino Creativo" non solo rende la vostra casa più bella e funzionale, ma rafforza anche il senso di collaborazione e armonia nella vostra relazione. Adesso ci sposteremo dall'organizzazione dello spazio alla magia della cucina, dove la vostra creatività verrà messa alla prova in un contesto del tutto diverso. Questa transizione da una sfida di riordino a una culinaria assicura che le attività rimangano varie ed eccitanti, stimolando continuamente la vostra creatività e collaborazione.

3.5. Concorso di Cucina Creativa: Gara di cucina con ingredienti a sorpresa

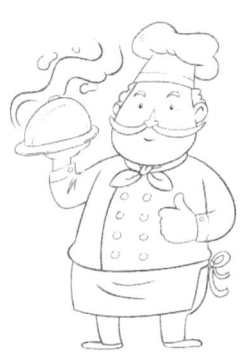

Dopo aver trasformato spazi comuni con creatività e armonia, è ora di portare quella stessa energia inventiva in cucina. Il "Concorso di Cucina Creativa" è una sfida esaltante che mette alla prova le vostre abilità culinarie in un contesto divertente e imprevedibile. Utilizzando ingredienti a sorpresa, questa sfida vi invita a esplorare nuovi orizzonti culinari, stimolando la vostra creatività sotto pressione.

☺ **Preparazione della Sfida**: Iniziate selezionando un insieme di ingredienti a sorpresa. Potreste decidere di scegliere gli ingredienti l'uno per l'altro o semplicemente selezionarli casualmente. L'obiettivo è avere una varietà di ingredienti che non si usano comunemente insieme, spingendovi a pensare fuori dagli schemi.

☺ **Stabilire le Regole**: Definite chiare regole per la sfida, come il tempo massimo per la preparazione del piatto e le limitazioni sull'uso di ingredienti aggiuntivi. Decidete anche se sarà valutato solo il gusto o anche la presentazione del piatto.

☺ **La Gara**: Una volta che gli ingredienti sono stati scelti e le regole stabilite, inizia la gara. Ognuno di voi dovrà preparare un piatto utilizzando tutti gli ingredienti forniti. Questa è un'opportunità per sperimentare, essere audaci con i sapori e le tecniche, e mostrare il proprio talento culinario.

☺ **Creatività e Innovazione in Cucina**: Mentre cucinate, lasciate che la vostra creatività prenda il volo. Pensate a combinazioni di sapori insolite, presentazioni originali e modi unici di trasformare ingredienti semplici in qualcosa di straordinario.

☺ **Valutazione dei Piatti**: Dopo aver completato la sfida, valutate insieme i piatti. Prendete in considerazione l'originalità, il gusto, la presentazione e la creatività nell'uso degli ingredienti. Ricordate, il punto focale della sfida è divertirsi e apprezzare gli sforzi creativi dell'altro.

☺ **Apprendimento e Divertimento**: Oltre alla competizione, questa sfida è un'occasione per imparare nuove ricette e tecniche culinarie. Godetevi il processo di sperimentazione e scoprite nuovi modi di cucinare insieme.

☺ **Condividere il Pasto**: Una volta terminata la valutazione, sedetevi e gustate i piatti che avete creato. Questo è un momento per godere del cibo, della compagnia e delle risate che nascono da questa esperienza condivisa.

☺ **Riflessione sulle Abilità Culinarie**: Dopo la sfida, prendetevi un momento per riflettere su ciò che avete imparato l'uno dall'altro e sulle abilità culinarie che avete sviluppato. Questa sfida non solo migliora le vostre capacità in cucina, ma rafforza anche il vostro legame attraverso esperienze condivise.

Il "Concorso di Cucina Creativa" vi permette di esplorare la vostra passione per la cucina in un contesto ludico e innovativo. Cambiando scenario, passeremo ora dalla creatività in cucina a sfide che testano la vostra agilità fisica e abilità strategica. Questo passaggio da un'attività culinaria a sfide più fisiche e tattiche assicura che le vostre esperienze di coppia rimangano dinamiche e stimolanti, offrendo continuamente nuove opportunità per crescere e divertirsi insieme.

Capitolo 4

Sfide di Agilità e Strategia

4.1. Sfida del Fitness Mattutino: Competizione di esercizi fisici

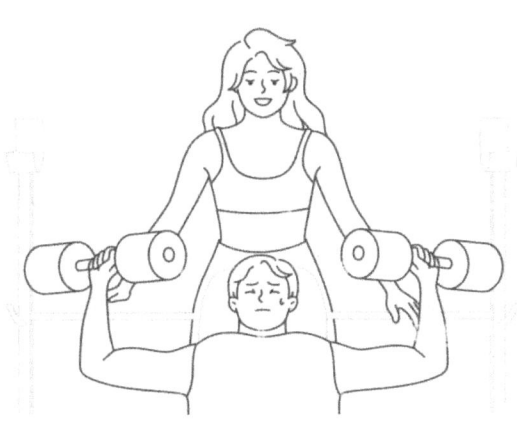

Dopo aver stimolato la creatività in cucina, è tempo di rivolgere la nostra attenzione a una sfida che coinvolge il benessere fisico: la "Sfida del Fitness Mattutino". Questa attività non solo vi aiuta a rimanere in forma e attivi, ma aggiunge anche un elemento di divertimento e competizione sana alla vostra routine mattutina. La sfida del fitness mattutino è un ottimo modo per iniziare la giornata con energia e motivazione, promuovendo allo stesso tempo uno stile di vita sano.

▫ **Preparazione alla Sfida**: Iniziate decidendo insieme quali esercizi includerete nella vostra routine mattutina. Potreste optare per esercizi cardio come salti o corsa sul posto, esercizi di forza come flessioni e squat, o una combinazione di entrambi. È importante scegliere esercizi che siano adatti al livello di fitness di entrambi, evitando il rischio di infortuni.

▫ **Stabilire Obiettivi e Regole**: Definite chiari obiettivi e regole per la sfida. Ad esempio, potreste decidere di fare il maggior numero di flessioni in un minuto o chi riesce a mantenere la posizione della plancia per più tempo. Assicuratevi che gli obiettivi siano misurabili e raggiungibili, ma anche abbastanza sfidanti da spingervi a dare il meglio di voi.

▫ **Spirito Competitivo e Supporto**: Mentre la competizione può essere un potente motivatore, è importante mantenere un atteggiamento di supporto reciproco. Incoraggiatevi a vicenda e celebrate i miglioramenti personali, indipendentemente da chi "vince" la sfida giornaliera.

▫ **Monitorare i Progressi**: Tenete traccia dei vostri progressi. Potreste creare un grafico o un diario dove annotare i risultati quotidiani. Vedere i propri miglioramenti nel tempo può essere estremamente gratificante e motivante.

▫ **Variazione degli Esercizi**: Per mantenere la sfida interessante, variate gli esercizi di giorno in giorno. Questo non solo previene la monotonia, ma assicura anche un allenamento bilanciato che lavora su diversi gruppi muscolari.

▫ **Riflessione e Adattamento**: Ascoltate il vostro corpo e adattate la sfida di conseguenza. Se un esercizio si rivela troppo impegnativo o rischioso, trovate alternative più adatte. La sicurezza e il benessere devono sempre venire prima di ogni sfida.

- **Benefici del Fitness Condiviso**: Oltre all'aspetto fisico, questa sfida ha anche benefici mentali e emotivi. L'esercizio fisico rilascia endorfine, che migliorano l'umore, e condividere questa attività può rafforzare il vostro legame emotivo.

- **Conclusione della Sfida**: Concludete ogni sessione di fitness con un momento di rilassamento condiviso, come stretching o meditazione. Questo aiuta a calmare il corpo e la mente, preparandovi per la giornata che vi attende.

La "Sfida del Fitness Mattutino" non solo migliora la salute e il benessere fisico, ma aggiunge anche un elemento di divertimento e connessione alla vostra routine mattutina. Nel prossimo capitolo, "Gara di Puzzle, Scacchi o dama: Sfida mentale a colpi di strategia", cambieremo il focus dalla sfida fisica a una mentale, spostandoci dal movimento del corpo alla stimolazione della mente. Questo passaggio assicura che le sfide nel vostro rapporto di coppia rimangano equilibrate e coinvolgenti, offrendo un mix sano di attività fisiche e mentali.

4.2. Gara di Puzzle, Scacchi o Dama: Sfida mentale a colpi di strategia

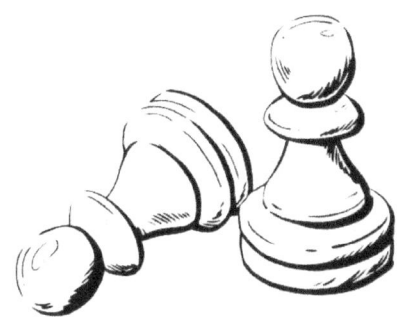

Dopo aver stimolato corpo e mente con la sfida del fitness mattutino, è ora di passare a un'attività che richiede concentrazione, strategia e acume mentale: la "Gara di Puzzle, Scacchi o Dama". Queste sfide non solo sono un ottimo modo per esercitare il cervello, ma anche per trascorrere del tempo di qualità insieme, sfidandosi in un contesto giocoso ma intellettualmente stimolante.

◊ **Scegliere il Gioco**: Iniziate decidendo quale gioco includerete nella vostra sfida. I puzzle richiedono pazienza e un occhio per i dettagli, mentre scacchi e dama richiedono pensiero strategico e pianificazione anticipata. Potreste alternare tra questi giochi, o scegliere quello che meglio si adatta alle vostre preferenze e abilità.

◊ **Impostazione della Sfida:** Stabilite le regole e gli obiettivi della sfida. Per i puzzle, potreste cronometrare chi completa un puzzle in meno tempo. Per scacchi e dama, organizzate una serie di partite per determinare il vincitore. Assicuratevi che le regole siano chiare e accettate da entrambi per evitare malintesi.

◊ **Preparazione Mentale:** A differenza degli esercizi fisici, queste sfide richiedono una preparazione mentale. Prendetevi un momento per concentrarvi, rilassare la mente e prepararvi a pensare in modo critico e strategico.

◊ **Strategia e Tattiche:** Durante il gioco, concentratevi sulla strategia e sulle tattiche. Nei giochi di strategia come scacchi e dama, pensate a più mosse in anticipo e cercate di anticipare le mosse del vostro partner. Nei puzzle, sviluppate un metodo efficiente per trovare e assemblare i pezzi.

◊ **Apprendimento e Adattamento**: Ogni gioco è un'opportunità per imparare e adattarsi. Prestate attenzione alle mosse vincenti e agli errori, sia vostri che del vostro partner. Questa osservazione può aiutare a migliorare le vostre abilità strategiche nel tempo.

◊ **Rispetto e Pazienza**: Mantenete un atteggiamento di rispetto e pazienza durante il gioco. Evitate commenti negativi o atteggiamenti competitivi eccessivi. Ricordate che l'obiettivo principale è trascorrere del tempo di qualità insieme e stimolare la mente.

◊ **Condividere le Riflessioni**: Dopo ogni partita o sessione di gioco, condividete le vostre riflessioni sull'esperienza. Discutete cosa avete imparato, quali strategie hanno funzionato e come potreste migliorare in futuro.

Dopo aver esplorato la vostra capacità di pensare in modo strategico e risolvere problemi, il prossimo capitolo vi porterà in un'avventura che combina il pensiero strategico con l'azione fisica. Questo passaggio dalla tavola da gioco all'intera casa garantisce che le sfide rimangano dinamiche e interessanti, offrendo una varietà di modi per sfidarsi e crescere insieme.

4.3. Sfida della Caccia al Tesoro in Casa: Organizzare una caccia al tesoro interna

Dopo aver messo alla prova la nostra abilità strategica nei giochi di scacchi e dama, è il momento di aggiungere un po' di avventura e mistero nella nostra routine quotidiana con una "Caccia al Tesoro in Casa". Questa sfida non solo è un modo eccellente per aggiungere eccitazione e gioco nella vostra relazione, ma stimola anche la creatività, il problem solving e il lavoro di squadra. Una caccia al tesoro in casa può trasformare l'ambiente familiare in un mondo di enigmi e sorprese.

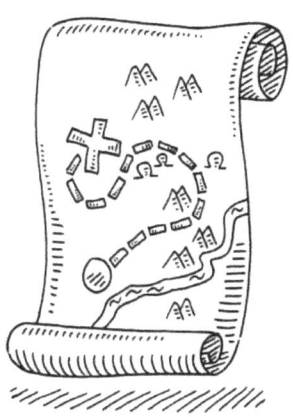

- ♦ **Preparazione della Caccia**: Uno di voi (o entrambi, a turno) dovrà preparare la caccia al tesoro. Ciò include la creazione di indizi, la pianificazione del percorso e il nascondere dei piccoli "tesori" in giro per la casa. Gli indizi possono essere basati su enigmi, charade, puzzle o riferimenti a esperienze o barzellette condivise.

- ♦ **Stabilire le Regole**: Prima di iniziare, concordate sulle regole e sui limiti della caccia. Decidete se ci sarà un limite di tempo e come verranno conteggiati i punti (ad esempio, punti extra per la creatività nella risoluzione degli indizi).

♦ **La Caccia**: Una volta che tutto è pronto, inizia la caccia! L'emozione della scoperta e la soddisfazione nel risolvere ogni indizio aggiungono un livello di divertimento e impegno che va oltre il normale passatempo casalingo.

♦ **Creatività e Inganno**: Mentre si cerca di risolvere gli indizi, l'elemento di creatività e inganno rende il gioco ancora più interessante. Ogni indizio risolto è un passo avanti verso il "tesoro" finale, che potrebbe essere un oggetto simbolico, un dolcetto preferito, o anche un messaggio o un regalo speciale.

♦ **Riflessione e Divertimento**: Dopo la caccia, prendetevi un momento per riflettere sull'esperienza. Condividete ciò che avete trovato più divertente o impegnativo, e risate insieme delle parti più assurde o imprevedibili.

- **Lavoro di Squadra e Supporto**: Anche se è una sfida, la caccia al tesoro è anche un'opportunità per lavorare insieme e supportarsi a vicenda. Celebrate il successo condiviso nel risolvere gli indizi e scoprire il tesoro.

- **Apprendimento e Crescita**: Questa attività vi permette di imparare come pensate, risolvete problemi e lavorate insieme sotto pressione, ma in un contesto ludico. È un modo eccellente per comprendere meglio le capacità e le preferenze l'uno dell'altro.

Dopo aver esplorato la vostra casa in un modo del tutto nuovo, "Gara di Giochi da Tavolo: Competizione su giochi da tavolo strategici", ci riporterà al tavolo, dove la vostra abilità strategica e il pensiero critico saranno nuovamente messi alla prova. Questo passaggio dalla caccia al tesoro fisica a una sfida di strategia e ingegno assicura che le sfide continuino a essere varie e stimolanti, fornendo una gamma equilibrata di attività fisiche e mentali.

4.4. Gara di Giochi da Tavolo: Competizione su giochi da tavolo strategici

Dopo l'emozionante avventura della caccia al tesoro in casa, è tempo di ritornare al tavolo, questa volta per una "Gara di Giochi da Tavolo" che mette in risalto la vostra abilità strategica e di pianificazione. I giochi da tavolo sono un modo eccellente per sfidare la mente, offrendo allo stesso tempo divertimento e interazione. Questa sfida di giochi strategici non solo è un ottimo esercizio per il cervello, ma anche un'opportunità per imparare di più sul modo di pensare e sulle abilità decisionali del vostro partner.

★ **Scelta dei Giochi**: Iniziate selezionando alcuni giochi da tavolo che entrambi apprezzate e che richiedono strategia e pianificazione. Questi possono variare dai più classici come Risiko o Forza4, a giochi più moderni come Catan, Carcassonne o Ticket to Ride. Citiamo anche alcuni giochi meno conosciuti come Fantascatti e Twin-it per una sfida a colpi di reattività. Altrimenti giochi ancor più combattivi come Birra Pong o similari. Assicuratevi di scegliere giochi che siano equi per entrambi in termini di familiarità e abilità.

★ **Stabilire le Regole della Competizione**: Definite chiaramente le regole del gioco e come verrà determinato il vincitore. Potreste decidere di giocare una serie di partite e tenere traccia dei punteggi, o semplicemente godervi una partita unica, valutando chi ha giocato con la migliore strategia.

★ **Preparazione Mentale e Strategica**: Prima di iniziare, prendetevi un momento per prepararvi mentalmente. I giochi strategici richiedono attenzione, pianificazione e capacità di anticipare le mosse dell'avversario. Questa preparazione mentale è essenziale per eccellere in questi giochi.

★ **Gioco e Competizione**: Durante la gara, concentrarsi sulla strategia e sul gioco. Osservate il modo in cui il vostro partner prende decisioni e cerca di prevedere le sue mosse. Allo stesso tempo, sfruttate l'opportunità per migliorare le vostre abilità strategiche e decisionali.

★ **Rispetto e Fair Play**: Mantenete un atteggiamento di rispetto e gioco leale durante la competizione. Ricordate che il vero scopo è trascorrere del tempo di qualità insieme e stimolare la mente, non solo vincere.

★ **Analisi Post-Gioco e Apprendimento**: Dopo ogni partita, prendetevi un momento per discutere delle strategie utilizzate, dei momenti chiave del gioco e di ciò che potreste imparare l'uno dall'altro. Questa analisi può essere incredibilmente utile per migliorare le vostre abilità nei giochi futuri.

★ **Divertimento e Condivisione**: Non dimenticate di godervi il processo e di condividere risate e momenti piacevoli, indipendentemente dal risultato del gioco. Il gioco può essere un ottimo modo per allentare la tensione e godersi la reciproca compagnia.

Dopo aver stimolato la mente con giochi strategici, il prossimo punto porterà la sfida dal tavolo da gioco al tappetino da yoga, dove l'equilibrio fisico e la coordinazione saranno al centro dell'attenzione. Questo passaggio da una sfida mentale a una fisica è cruciale per mantenere un equilibrio tra le attività del corpo e della mente, garantendo che le sfide contino a essere complete e armoniose.

4.5. Sfida di Equilibrio e Coordinazione: Gare di equilibrio o yoga di coppia

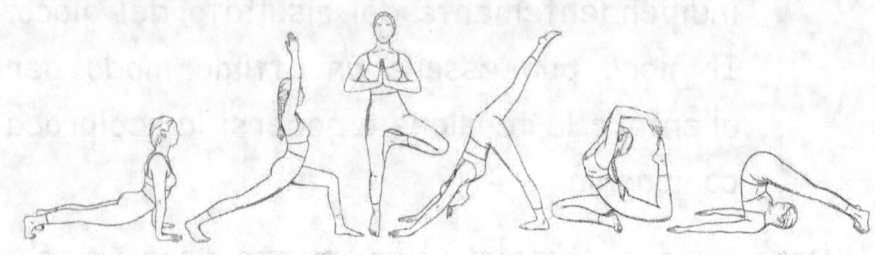

Dopo aver messo alla prova le nostre menti con giochi da tavolo strategici, spostiamo il focus sul benessere fisico e la connessione emotiva attraverso la "Sfida di Equilibrio e Coordinazione". Questa attività non solo rafforza il corpo, ma richiede anche una forte coordinazione e comunicazione tra i partner, rendendola un'esperienza di crescita sia individuale che di coppia. Praticare equilibrio e yoga di coppia è un modo eccellente per costruire fiducia, migliorare la comunicazione e aumentare l'intimità.

× **Preparazione alla Sfida**: Scegliete insieme una serie di pose di yoga o esercizi di equilibrio da provare. Queste possono variare da semplici pose di equilibrio, come l'albero o il guerriero, a pose più complesse e interattive di yoga di coppia. Assicuratevi di avere uno spazio adeguato e confortevole per praticare, come un tappetino da yoga o una superficie morbida.

× **Impostazione delle Regole**: Stabilite le regole e gli obiettivi della sfida. Questo potrebbe includere mantenere una posa per un certo periodo di tempo o completare una sequenza di pose senza interruzioni. Ricordate che la sicurezza è fondamentale, quindi non spingetevi oltre i limiti fisici ragionevoli.

× **Comunicazione e Supporto**: Durante la sfida, la comunicazione e il supporto reciproco sono cruciali. Parlate tra voi per assicurarvi che entrambi siate a vostro agio con le pose e per offrire incoraggiamenti. Questa è un'opportunità per migliorare la vostra capacità di ascolto e di risposta alle esigenze dell'altro.

× **Focus sull'Equilibrio e la Coordinazione**: Concentratevi su come il vostro corpo si muove e si bilancia durante gli esercizi. L'equilibrio e la coordinazione richiedono non solo forza fisica, ma anche consapevolezza mentale e presenza nel momento.

x **Riflessione e Crescita**: Dopo la sfida, prendetevi un momento per riflettere sull'esperienza. Discutete di ciò che avete trovato sfidante, di come vi siete sentiti durante la pratica e di cosa avete imparato l'uno sull'altro.

x **Benefici Oltre la Sfida**: La pratica regolare di esercizi di equilibrio e yoga di coppia può portare numerosi benefici oltre la sfida stessa, inclusi miglioramenti nella forza fisica, nella flessibilità, nella riduzione dello stress e nel rafforzamento del legame di coppia.

x **Conclusione Rilassante**: Concludete ogni sessione con un momento di rilassamento condiviso, come una breve meditazione o esercizi di respirazione. Questo aiuta a rilassare il corpo e la mente, consolidando i benefici della pratica.

Dopo aver esplorato l'equilibrio e la coordinazione in un ambiente familiare, il capitolo, "Avventure Adrenaliniche Insieme", ci porterà fuori dalle mura domestiche in un contesto diverso. Questo passaggio dalle sfide fisiche e intime a quelle che esplorano il mondo esterno assicura che le sfide nel vostro rapporto rimangano dinamiche e avvincenti, offrendo nuove esperienze e opportunità per crescere insieme al di là della comfort zone quotidiana.

Capitolo 5
Avventure Adrenaline Insieme

5.1. Salto in Paracadute di Coppia: Pianificare e realizzare un salto in tandem

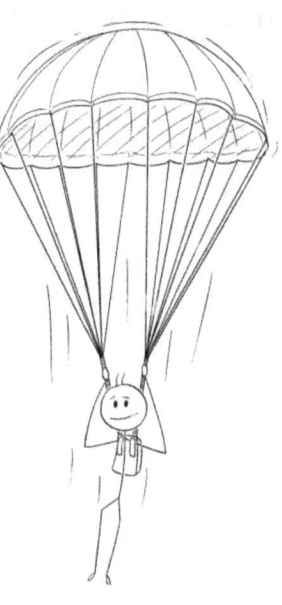

Dopo aver esplorato sfide che coinvolgono la mente e il corpo all'interno delle mura domestiche, il Capitolo 5 ci porta in un territorio completamente nuovo e eccitante: le avventure estreme. Iniziamo con una delle esperienze più elettrizzanti e memorabili: il "Salto in Paracadute di Coppia". Questa sfida non è solo un test di coraggio, ma anche un'opportunità unica per rafforzare il vostro legame attraverso un'esperienza condivisa che è letteralmente mozzafiato.

❖ **Preparazione Preliminare**: Prima di lanciarvi in questa avventura, è essenziale fare una ricerca approfondita e scegliere un centro di paracadutismo affidabile e certificato. Leggete le recensioni, parlate con esperti e assicuratevi di comprendere tutti gli aspetti della sicurezza e della procedura.

❖ **Pianificazione e Prenotazione**: Una volta scelto il centro, è il momento di pianificare e prenotare il vostro salto. Questo include la scelta della data, la verifica delle condizioni meteo e la familiarizzazione con le linee guida del centro. Assicuratevi di avere una buona comprensione di cosa aspettarvi durante il salto.

❖ **Formazione e Istruzioni**: Prima del salto, parteciperete a una sessione di formazione. Qui, un istruttore esperto vi fornirà istruzioni dettagliate sulla procedura di salto, sulla posizione del corpo e su come gestire l'equipaggiamento. Prestare attenzione durante questa fase è fondamentale per la vostra sicurezza e per godervi l'esperienza al massimo.

❖ **Il Salto in Tandem**: Il salto in tandem è un'esperienza che permette di sperimentare il brivido del volo libero con la sicurezza di essere agganciati a un istruttore professionista. Mentre vi preparate per il salto, supportatevi a vicenda. Condividere l'anticipazione e l'eccitazione può rendere l'esperienza ancora più speciale.

❖ **L'Esperienza del Salto**: Il momento del salto è un mix di adrenalina, bellezza e realizzazione. Mentre siete in caduta libera, abbracciate il momento, assaporando l'esperienza unica e la sensazione di libertà assoluta.

❖ **Riflessione Post-Salto**: Dopo l'atterraggio, prendetevi un momento per riflettere sull'esperienza. Condividere come vi siete sentiti durante il salto e ciò che significa per la vostra relazione può approfondire la vostra connessione.

❖ **Commemorazione dell'Esperienza**: Considerate di acquistare o di fare una fotografia o un video del vostro salto. Questo servirà come un ricordo duraturo di una delle vostre avventure più emozionanti.

Dopo aver vissuto l'emozione estrema del paracadutismo, affrontiamo adesso la "Gara di Arrampicata: Sfida di arrampicata in un parco avventura", nel quale continueremo a esplorare sfide che uniscono adrenalina e attività fisica, ma in un contesto differente. Questo passaggio dal cielo alla roccia mantiene le sfide avvincenti e variegate, assicurando che ogni nuova esperienza contribuisca a rafforzare e arricchire la vostra relazione.

5.2. Gara di Arrampicata: Sfida di arrampicata in un parco avventura

Dopo l'emozionante salto in paracadute che ha messo alla prova il nostro coraggio e la fiducia reciproca, ci dirigiamo verso una sfida che unisce forza fisica, abilità e strategia: la "Gara di Arrampicata" in un parco avventura. L'arrampicata offre un'eccellente opportunità per sviluppare la forza fisica, la coordinazione e la capacità di risolvere problemi, mentre si lavora insieme per raggiungere nuove altezze.

- ✓ **Preparazione e Scelta del Parco Avventura**: Iniziate scegliendo un parco avventura che offra percorsi di arrampicata adatti al vostro livello di esperienza. Fate ricerche sui diversi percorsi disponibili e sui livelli di difficoltà per assicurarvi che la sfida sia adatta e sicura per entrambi.

- ✓ **Imparare le Basi dell'Arrampicata**: Se siete nuovi all'arrampicata, considerate di prendere una lezione introduttiva. Imparare le tecniche di base, come l'utilizzo corretto dei piedi e delle mani, può rendere l'esperienza più sicura e gratificante.

✓ **Stabilire Obiettivi e Regole della Sfida**: Decidete insieme gli obiettivi della sfida. Potrebbe essere completare un percorso entro un certo tempo, raggiungere il punto più alto, o anche solo migliorare le vostre abilità individuali. Stabilite regole chiare e assicuratevi che entrambi siate a vostro agio con la sfida proposta.

✓ **Sicurezza Prima di Tutto**: La sicurezza è di fondamentale importanza nell'arrampicata. Assicuratevi di indossare l'attrezzatura adeguata, come imbragature, caschi e scarpe da arrampicata, e di seguire tutte le istruzioni di sicurezza fornite dal personale del parco.

✓ **Spirito di Squadra e Incoraggiamento**: Durante la sfida, incoraggiatevi a vicenda. L'arrampicata può essere tanto un'attività individuale quanto di coppia, e il sostegno reciproco può fare una grande differenza nell'affrontare parti difficili del percorso.

✓ **Strategia e Problem Solving**: Utilizzate la sfida come un'opportunità per sviluppare la vostra capacità di strategia e risoluzione dei problemi. Osservate il percorso, pianificate le vostre mosse e siate pronti ad adattarvi se una strategia non funziona.

✓ **Riflessione Post-Arrampicata**: Dopo aver completato la sfida, prendetevi un momento per riflettere sull'esperienza. Discutete ciò che avete imparato, sia sul piano fisico che emotivo, e come la sfida ha influenzato la vostra relazione.

✓ **Divertimento e Realizzazione**: Ricordate di godervi l'esperienza e di celebrare le vostre realizzazioni, grandi o piccole. L'arrampicata può essere un'attività incredibilmente gratificante e divertente, specialmente quando condivisa con una persona amata.

La prossima attività testerà non solo la nostra forza e resistenza, ma anche la nostra capacità di superare ostacoli insieme. Questo passaggio da un'attività verticale a una sfida più orizzontale e diversificata assicura che le avventure condivise continuino a essere stimolanti e piene di varietà, arricchendo la vostra esperienza di coppia con ogni nuova sfida affrontata insieme.

5.3. Corsa ad Ostacoli: Partecipare insieme a una corsa ad ostacoli

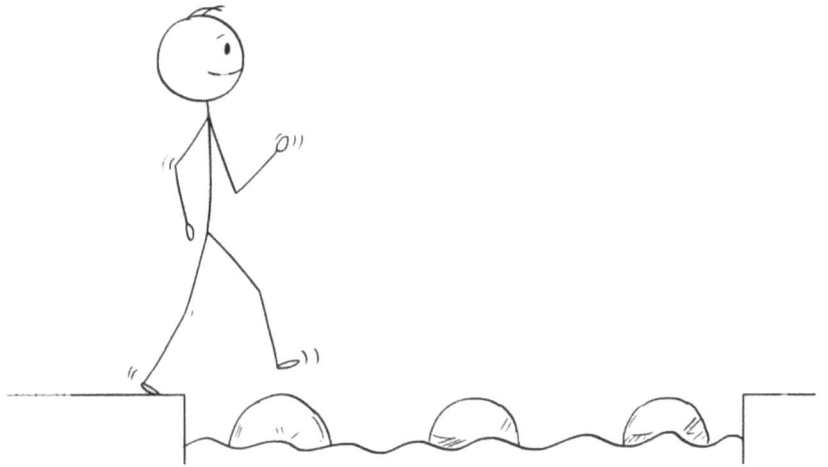

Dopo aver esplorato l'arrampicata come metafora per superare insieme le sfide verticali, ora ci avventuriamo in un'altra avventura fisica: la "Corsa ad Ostacoli". Questa sfida non solo mette alla prova la vostra forza e resistenza fisica, ma è anche un simbolo potente dell'importanza di superare gli ostacoli della vita insieme, come coppia. Una corsa ad ostacoli è un'esperienza entusiasmante che richiede lavoro di squadra, determinazione e un forte spirito di supporto reciproco.

« **Scegliere la Corsa Adatta**: Iniziate scegliendo un evento di corsa ad ostacoli adatto al vostro livello di fitness e esperienza. Ci sono molte opzioni, da corse più leggere e ludiche a quelle estreme e fisicamente impegnative. Tra le tante possiamo citare gare come "L'inferno Run" o la "Spartan Race" adatte a tutti i tipi di età e preparazione atletica. Scegliete un evento che sia stimolante, ma allo stesso tempo realizzabile per entrambi.

« **Preparazione Fisica**: A seconda del livello di difficoltà della corsa, potreste aver bisogno di un periodo di allenamento preliminare. Questo può includere cardio, forza e esercizi di resistenza. Allenarsi insieme può essere un modo fantastico per costruire il vostro rapporto e motivarvi a vicenda.

« **Strategie e Pianificazione**: Prima della gara, discutete la vostra strategia. Decidete come affronterete gli ostacoli più difficili e come potete supportarvi a vicenda durante la corsa. La pianificazione anticipata può aiutare a ridurre l'ansia e aumentare la vostra fiducia come team.

« **Spirito di Squadra e Collaborazione**: Durante l'evento, mantenete un forte spirito di squadra. Incoraggiatevi a vicenda, lavorate insieme per superare gli ostacoli e attendetevi l'un l'altro se necessario. La corsa ad ostacoli è tanto una sfida fisica quanto una prova di solidarietà di coppia.

« **Gestire le Sfide**: Affrontate ogni ostacolo con un approccio positivo. Anche se alcuni ostacoli possono sembrare intimidatori, lavorare insieme vi darà la forza di superarli. Celebrate ogni piccola vittoria lungo il percorso.

« **Riflessione Post-Corsa**: Dopo aver completato la corsa, prendetevi del tempo per riflettere sull'esperienza. Parlate di come vi siete sentiti, delle sfide affrontate e di come avete lavorato insieme per superarle. Queste riflessioni possono rafforzare il vostro legame e la vostra comprensione reciproca.

« **Imparare e Crescere Insieme**: Ogni sfida fisica come una corsa ad ostacoli è un'opportunità per imparare di più l'uno dell'altro e crescere insieme. Riflettete su come le lezioni apprese durante la corsa possano essere applicate ad altri aspetti della vostra relazione e della vita quotidiana.

Dopo la terraferma e la sfida fisica della corsa ad ostacoli, il prossimo capitolo, "Sfida del Rafting: Affrontare insieme le rapide", ci porta nell'acqua. Questa transizione dall'ambiente terrestre a quello acquatico introduce nuove dinamiche e sfide, mantenendo le esperienze fresche e avvincenti. In queste nuove avventure, continueremo a esplorare come le attività fisiche condivise possano rafforzare la fiducia, la collaborazione e il legame emotivo all'interno della coppia.

5.4. Sfida del Rafting: Affrontare insieme le rapide

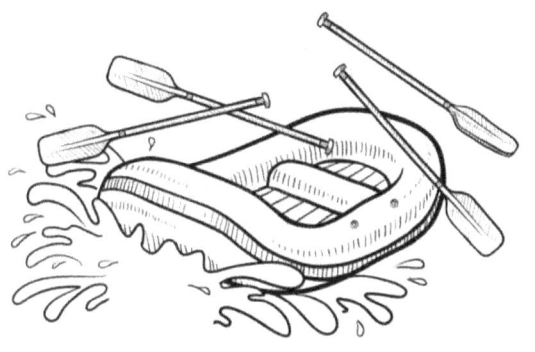

Dopo aver superato le sfide terrene della corsa ad ostacoli, ci spostiamo verso un'avventura che combina adrenalina, natura e collaborazione: la "Sfida del Rafting". Affrontare insieme le rapide è un'esperienza esaltante che richiede coordinazione di squadra, fiducia reciproca e la capacità di mantenere la calma in situazioni intense. Questa sfida vi porterà a navigare attraverso corsi d'acqua impetuosi, rafforzando il vostro legame attraverso la condivisione di un'avventura mozzafiato.

➤ **Selezione dell'Esperienza di Rafting**: Iniziate scegliendo un'esperienza di rafting che si adatti al vostro livello di comfort e abilità. Ci sono varie opzioni disponibili, da percorsi tranquilli a rapide impegnative.

Assicuratevi di selezionare un operatore affidabile e certificato che ponga grande enfasi sulla sicurezza. Se siete in cerca di emozioni forti non potete farvi sfuggire il Rafting alla Cascata delle Marmore (Umbria) per un'esperienza indimenticabile.

> **Preparazione e Formazione**: Prima di iniziare l'avventura, parteciperete a una sessione di formazione. Qui, imparerete le tecniche di base di pagaia, come lavorare insieme come squadra e le misure di sicurezza fondamentali. Prestare attenzione durante questa fase è cruciale.

> **Spirito di Squadra in Acqua**: Una volta sul gommone, la vostra capacità di lavorare insieme sarà messa alla prova. La comunicazione chiara, il lavoro di squadra e il sostegno reciproco sono essenziali per navigare con successo attraverso le rapide. Incoraggiatevi a vicenda, specialmente nei momenti più intensi.

> **Affrontare le Sfide Fisiche e Mentali**: Il rafting può essere tanto una sfida fisica

quanto mentale. Oltre alla forza fisica necessaria per pagaiare, dovete mantenere la calma e la concentrazione durante l'intera esperienza, specialmente quando affrontate rapide turbolente.

➤ **Gioia dell'Avventura Condivisa**: Mentre vi trovate immersi nella bellezza mozzafiato e nella potenza della natura, prendetevi un momento per apprezzare l'esperienza condivisa. Queste avventure creano ricordi indimenticabili che possono rafforzare il vostro legame.

➤ **Sicurezza e Responsabilità**: La sicurezza è fondamentale nel rafting. Seguite sempre le istruzioni delle guide e utilizzate l'equipaggiamento di sicurezza fornito. La responsabilità reciproca per la sicurezza dell'altro aggiunge un ulteriore livello di fiducia alla vostra relazione.

➤ **Riflessione Post-Rafting**: Dopo l'avventura, riflettete sull'esperienza. Condividete i vostri pensieri e sentimenti su ciò che avete appena vissuto, e parlate di come l'esperienza abbia influenzato la vostra percezione dell'altro e della vostra relazione.

Dall'emozionante e impetuoso mondo del rafting alla "Gara di Geocaching: Caccia al tesoro tecnologica in coppia", ci porta in un'avventura che combina tecnologia, esplorazione e risoluzione di enigmi. Questo cambio dall'adrenalina delle rapide all'esplorazione e alla scoperta nel geocaching assicura che le vostre esperienze di coppia rimangano fresche e avvincenti, esplorando continuamente nuovi modi di connettersi e crescere insieme.

5.5. Gara di Geocaching: Caccia al tesoro tecnologica in coppia

Dopo le emozionanti rapide del rafting, ci addentriamo ora in un'avventura che unisce tecnologia, esplorazione e un pizzico di mistero: la "Gara di Geocaching". Il geocaching è una moderna caccia al tesoro che utilizza dispositivi GPS per trovare "geocache", o piccoli contenitori nascosti, in luoghi specifici. Questa attività offre una combinazione unica di risoluzione di enigmi, esplorazione all'aperto e scoperta, rendendola perfetta per coppie che cercano un'avventura condivisa che stimoli sia il corpo che la mente.

★ **Introduzione al Geocaching**: Iniziate informandovi su cosa sia il geocaching e come funziona. Scaricate un'app di geocaching sul vostro smartphone, che vi guiderà alla scoperta dei geocache. Scegliete un'area o una specifica serie di geocache che vorreste esplorare insieme.

★ **Pianificazione e Preparazione**: Decidete insieme il percorso o l'area che esplorerete. Assicuratevi di essere preparati per l'avventura, indossando abiti comodi, scarpe adatte e portando con voi acqua e eventuali altri approvvigionamenti necessari.

★ **Sfida e Collaborazione**: Il geocaching richiede un mix di abilità, tra cui navigazione, risoluzione di enigmi e osservazione. Collaborate per interpretare gli indizi, utilizzare il GPS e cercare i geocache. Questa è un'opportunità per vedere come lavorate insieme sotto pressione e come vi supportate a vicenda nelle sfide.

★ **Esplorazione e Scoperta**: Mentre cercate i geocache, prendetevi il tempo per godervi l'ambiente circostante. Il geocaching può portarvi in luoghi sorprendenti e nascosti, offrendo un nuovo modo di vedere il mondo intorno a voi.

★ **Rispetto per la Natura e la Comunità di Geocaching**: Ricordate di seguire le regole del geocaching, tra cui lasciare il geocache esattamente come l'avete trovato e rispettare l'ambiente naturale. Contribuite positivamente alla comunità lasciando piccoli oggetti o note per i futuri geocacher.

★ **Riflessione sull'Esperienza**: Dopo la vostra avventura di geocaching, prendetevi un momento per riflettere sull'esperienza. Discutete ciò che avete scoperto, sia in termini di luoghi che di aspetti della vostra relazione e collaborazione.

★ **Benefici oltre la Sfida**: Oltre a essere una divertente avventura, il geocaching migliora le vostre abilità di navigazione, risoluzione di problemi e osservazione. È anche un ottimo modo per trascorrere del tempo all'aria aperta, esplorando e connettendovi con la natura e con la vostra città.

Dall'avventura all'aperto e la risoluzione di enigmi del geocaching, ci sposteremo dove le sfide saranno focalizzate più sull'acume mentale e le abilità cognitive. Questo passaggio dal fisico al mentale assicura che le sfide nel vostro rapporto siano ben arrotondate e continuino a stimolare e arricchire la vostra esperienza di coppia.

Capitolo 6

Sfide Intellettuali: Duello di Menti

6.1. Sfida della Cultura Generale: Quiz su argomenti vari

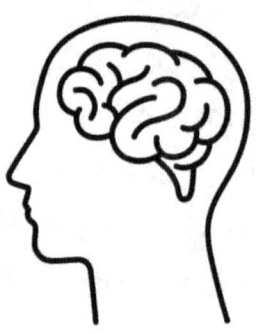

Dopo le avventure fisiche e di esplorazione del geocaching, ci addentriamo ora nel mondo dell'ingegno e dell'acume mentale con la "Sfida della Cultura Generale". Questo capitolo si concentra sullo stimolo intellettuale, iniziando con un quiz che copre un'ampia gamma di argomenti. Questa sfida non solo è un modo divertente per imparare nuove informazioni, ma è anche un'opportunità per approfondire la conoscenza reciproca sui diversi argomenti di interesse.

▫ **Preparazione e Selezione dei Temi**: Iniziate scegliendo insieme una varietà di argomenti per il vostro quiz di cultura generale. Questi possono variare da storia e scienze a sport, arte e attualità. Assicuratevi di includere argomenti di interesse per entrambi, così come alcuni che possono essere nuovi e stimolanti.

▫ **Strutturazione del Quiz**: Decidete come strutturare il quiz. Potreste optare per una serie di domande a scelta multipla, domande aperte o una combinazione di entrambi. Stabilite un sistema di punteggio equo e decidete come verranno valutate le risposte.

▫ **Atmosfera Competitiva e Educativa**: Mentre procedete con il quiz, mantenete un equilibrio tra competizione e apprendimento. È importante ricordare che l'obiettivo principale è l'arricchimento personale e la connessione di coppia, non solo vincere.

- **Incoraggiare la Discussione e lo Scambio di Conoscenze**: Dopo ogni domanda o serie di domande, prendetevi un momento per discutere le risposte. Questo può essere un ottimo modo per condividere conoscenze e opinioni su vari argomenti, arricchendo la vostra comprensione reciproca.

- **Rispetto e Supporto**: Mostrate rispetto e supporto reciproco durante il quiz. Evitate di criticare o sminuire le risposte dell'altro. Invece, utilizzate eventuali errori come opportunità per imparare insieme.

- **Valutazione delle Risposte**: Al termine del quiz, passate in rassegna le risposte. Questo è un momento per celebrare le conoscenze che avete e per apprezzare ciò che avete imparato l'uno dall'altro.

- **Divertimento e Curiosità**: Non dimenticate di divertirvi e di essere curiosi. Il quiz di cultura generale è un modo per esplorare nuovi argomenti e stimolare la curiosità, che è fondamentale per la crescita personale e di coppia.

Dopo aver esplorato la vostra conoscenza su vari argomenti nella sfida della cultura generale, il prossimo capitolo, "Sfida del Cruciverba o Sudoku: Competizione di risoluzione di enigmi", ci porterà in un altro tipo di sfida intellettuale. In questo nuovo contesto, la vostra capacità di risolvere enigmi e di pensare in modo critico sarà messa alla prova, assicurando che le sfide continuino a essere variate e stimolanti, promuovendo una crescita continua nella vostra relazione.

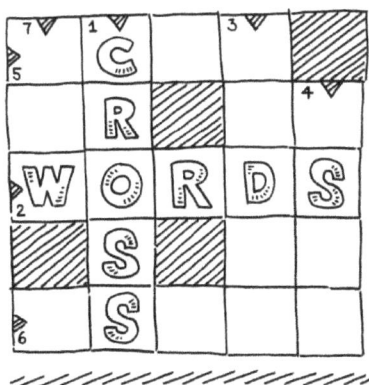

6.2. Sfida del Cruciverba o Sudoku: Competizione di risoluzione di enigmi

Dopo aver messo alla prova le nostre conoscenze con la sfida della cultura generale, ci immergiamo ora in un altro tipo di sfida intellettuale: la "Sfida del Cruciverba o Sudoku". Questa attività offre un modo eccellente per stimolare il cervello, affinare le abilità di problem solving e godere del piacere di risolvere enigmi. Cruciverba e sudoku sono perfetti per coppie che desiderano sfidare la propria mente in un contesto competitivo ma costruttivo.

❖ **Scelta degli Enigmi**: Iniziate selezionando alcuni cruciverba o sudoku che corrispondano al vostro livello di abilità. Potreste scegliere enigmi da giornali, riviste o online. Assicuratevi che entrambi abbiate lo stesso tipo di enigma per garantire un campo di gioco equo.

❖ **Impostazione delle Regole della Competizione**: Stabilite le regole per la competizione. Ad esempio, potreste cronometrare chi completa il cruciverba o il sudoku più velocemente o chi risolve il maggior numero di enigmi in un determinato lasso di tempo.

❖ **Ambiente Adatto alla Concentrazione**: Create un ambiente tranquillo e senza distrazioni dove potete concentrarvi sugli enigmi. Questo aiuterà entrambi a concentrarsi meglio e a esprimere al meglio le vostre capacità di problem solving.

❖ **Strategie e Tecniche**: Mentre risolvete i cruciverba o sudoku, condividete le vostre strategie o tecniche. Questo può essere un ottimo modo per imparare l'uno dall'altro e migliorare le vostre abilità risolutrici.

❖ **Rispetto e Supporto Reciproco**: Mantenete un atteggiamento di rispetto e supporto durante la sfida. Celebrate i successi dell'altro e usate gli errori come opportunità per crescere e imparare insieme.

❖ **Riflessione sulle Abilità di Problem Solving**: Dopo aver completato gli enigmi, riflettete su come avete affrontato la sfida. Discutete di ciò che avete trovato difficile, le tecniche che hanno funzionato bene e come potreste migliorare in futuro.

❖ **Divertimento e Soddisfazione**: Ricordatevi di godervi l'esperienza e la soddisfazione che deriva dal risolvere gli enigmi. Queste attività non solo stimolano la mente, ma possono anche essere un modo divertente e rilassante per trascorrere del tempo insieme.

Dopo aver esercitato la mente con cruciverba e sudoku, la "Sfida di Lingua Straniera: Chi impara più parole in una lingua nuova", ci porterà in un'altra dimensione dell'apprendimento intellettuale. In questa nuova sfida, esploreremo l'apprendimento di una lingua straniera, che non solo stimola la mente ma apre anche nuove opportunità di connessione culturale e personale. Questo passaggio da enigmi linguistici e numerici all'apprendimento linguistico assicura che le sfide intellettuali rimangano fresche e stimolanti, arricchendo continuamente la vostra esperienza di coppia.

6.3. Sfida di Lingua Straniera: Chi impara più parole in una lingua nuova

Dopo aver affinato la nostra mente attraverso cruciverba e sudoku, ci avventuriamo ora in una nuova sfida intellettuale che espande non solo la nostra conoscenza, ma anche il nostro orizzonte culturale: la "Sfida di Lingua Straniera". Questa sfida coinvolge l'apprendimento di nuove parole in una lingua straniera, offrendo un modo eccitante e produttivo per migliorare le abilità linguistiche e allo stesso tempo esplorare insieme una nuova cultura.

☺ **Selezione della Lingua**: Iniziate scegliendo una lingua che entrambi siete interessati ad imparare. Potrebbe essere una lingua completamente nuova per entrambi o una che uno di voi ha già iniziato a esplorare. L'importante è che la scelta sia stimolante e motivante per entrambi.

☺ **Stabilire le Regole e gli Obiettivi**: Definite gli obiettivi della sfida, come il numero di parole da imparare entro un certo periodo o specifiche categorie di parole (ad esempio, cibo, viaggi, sentimenti). Stabilite anche come e quando verificherete l'apprendimento, come sessioni settimanali di test o giochi di parole.

☺ **Metodi di Apprendimento**: Esplorate diversi metodi di apprendimento, come app linguistiche, flashcards, video, musica o libri. Usate una combinazione di questi strumenti per rendere l'apprendimento più dinamico e coinvolgente.

☺ **Pratica Quotidiana**: Incoraggiatevi a praticare quotidianamente. Anche solo pochi minuti al giorno possono fare una grande differenza nell'apprendimento di una nuova lingua. Potreste impostare momenti specifici della giornata dedicati alla pratica linguistica.

☺ *Competizione Amichevole e Supporto*: Mentre la sfida ha un elemento competitivo, è importante mantenere un spirito di supporto e collaborazione. Celebrate i progressi dell'altro e usate la competizione come un modo per motivarvi a vicenda.

☺ **Immersione Culturale**: Oltre all'apprendimento delle parole, immergetevi nella cultura associata alla lingua. Questo può includere la cucina, il cinema, la musica e la letteratura della cultura di quella lingua, offrendo un contesto più ricco per l'apprendimento.

☺ **Divertimento e Giochi Linguistici**: Rendete l'apprendimento divertente attraverso giochi linguistici. Ad esempio, potreste provare a comunicare tra voi usando solo le parole apprese o creare storie utilizzando il nuovo vocabolario.

☺ **Riflessione sull'Apprendimento**: Dopo ogni sessione di apprendimento, riflettete insieme sui progressi fatti, sulle sfide incontrate e su come potreste migliorare l'approccio all'apprendimento.

Dopo aver esplorato il mondo delle lingue straniere, il prossimo capitolo, "Enigma del Codice

Segreto: Creare e risolvere un codice segreto insieme", ci porterà in un'avventura che sfida il nostro ingegno e la nostra capacità di decodificare messaggi. Questo passaggio dal linguaggio verbale alla risoluzione di codici segreti assicura che le sfide intellettuali continuino a essere variegate e stimolanti, promuovendo la crescita e l'intimità attraverso attività di pensiero creativo e collaborativo.

6.4. Enigma del Codice Segreto: Creare e risolvere un codice segreto insieme

Dopo aver esplorato la sfida di imparare una nuova lingua, ci immergiamo ora in un misterioso mondo di codici e cifrature con la "Sfida dell'Enigma del Codice Segreto". Questa attività non solo è un ottimo esercizio per il cervello, ma è anche un modo unico e divertente di comunicare e connettersi con il partner. Creare e decifrare codici segreti insieme può rafforzare la vostra capacità di problem solving e la comprensione reciproca in un modo giocoso e intrigante.

- **Introduzione ai Codici**: Iniziate familiarizzando con vari tipi di codici e cifrature. Potreste esplorare metodi storici come il cifrario di Cesare, il codice Morse o tecniche più moderne. Scegliete un metodo che sia nuovo e affascinante per entrambi.

- **Stabilire le Regole della Sfida**: Decidete insieme come strutturerete la sfida. Potreste alternarvi nel creare e nel decifrare messaggi, o anche lavorare insieme per decifrare un codice più complesso. Stabilite un intervallo di tempo per la decifrazione per aggiungere un elemento di sfida temporale.

- *Creazione dei Messaggi Codificati*: Mettete alla prova la vostra creatività creando messaggi codificati l'uno per l'altro. Questi potrebbero essere brevi note, indovinelli o persino una lettera d'amore. La chiave è essere originali e pensare a messaggi che siano significativi per la vostra relazione.

- **Processo di Decifrazione**: Quando ricevete un messaggio codificato, usate le vostre abilità analitiche per decifrarlo. Questo richiederà attenzione ai dettagli, logica e forse un po' di ricerca. La soddisfazione di decifrare il messaggio del partner è un aspetto gratificante di questa sfida.

- **Apprendimento e Collaborazione**: Anche se parte della sfida può essere individuale, c'è molto da imparare e da condividere nel processo. Discutete le strategie che avete usato per creare e decifrare i codici, e come queste tecniche possono essere migliorate.

- **Riflessione sull'Esperienza**: Dopo ogni sessione di codifica e decodifica, riflettete sull'esperienza. Parlate di come vi siete sentiti durante la sfida e di ciò che avete imparato non solo sui codici, ma anche l'uno sull'altro.

- **Divertimento e Creatività**: Ricordatevi di divertirvi con questa sfida. I codici segreti offrono un modo unico per essere creativi e giocosi nella vostra comunicazione.

Dopo aver decifrato codici e risolto enigmi, il prossimo capitolo, "Quiz di Coppia Personalizzato: Preparare un quiz sui dettagli della relazione", ci porta in un'arena diversa di sfide intellettuali. Questa volta, la sfida sarà basata sulla vostra conoscenza reciproca e sui dettagli della vostra relazione, offrendo un modo intimo e personale per esplorare e celebrare la vostra storia insieme. Questa transizione dal risolvere enigmi esterni al concentrarsi su quelli personali assicura che le sfide intellettuali rimangano fresche, coinvolgenti e profondamente connesse alla vostra esperienza di coppia.

6.5. Quiz di Coppia Personalizzato: Preparare un quiz sui dettagli della relazione

Dopo aver navigato attraverso il misterioso mondo dei codici segreti, ci avviciniamo ora a una sfida che è più vicina e personale: il "Quiz di Coppia Personalizzato". Questa attività unica è un modo divertente e significativo per riflettere sulla vostra relazione, esplorando quanto bene vi conoscete a vicenda attraverso domande personalizzate riguardanti la vostra storia, i momenti condivisi, le preferenze e le esperienze.

- **Creazione del Quiz**: Iniziate con la creazione di un quiz che include domande sui vari aspetti della vostra relazione. Queste possono variare da domande semplici, come "Qual è il tuo cibo preferito?" a quelle più complesse o significative, come "Qual è stato il momento più felice che hai vissuto insieme?". Assicuratevi di includere una varietà di domande che coprano diversi aspetti della vostra relazione.

- **Regole e Struttura del Quiz**: Stabilite come verrà condotto il quiz. Decidete se risponderete a turno alle domande o se le risponderete entrambi separatamente e poi confronterete le risposte. Potreste anche considerare di aggiungere un elemento di gioco, come punti per ogni risposta corretta.

- **Atmosfera Rilassata e Supportiva**: Mentre questo quiz può essere competitivo, l'obiettivo principale è di divertirsi e approfondire la vostra comprensione reciproca. Create un'atmosfera rilassata e supportiva dove entrambi vi sentiate a vostro agio nel condividere e esplorare.

- **Rispetto e Apertura**: Rispondete alle domande con onestà e apertura. Questa è un'opportunità per condividere i vostri pensieri e sentimenti, rafforzando la vostra connessione emotiva.

- **Scoperta e Sorpresa**: Preparatevi a scoprire cose nuove l'uno dell'altro, anche se siete stati insieme per molto tempo. Ogni persona cresce e cambia nel tempo, e questo quiz può rivelare nuovi aspetti e preferenze che non conoscevate prima.

- **Riflessione sull'Esperienza**: Dopo il quiz, prendetevi un momento per riflettere sull'esperienza. Parlate di ciò che avete imparato, di eventuali sorprese e di come il quiz abbia potuto cambiare o rafforzare la vostra percezione dell'altro.

- **Divertimento e Legame**: Ricordatevi di godere del processo e di utilizzare questa attività per rafforzare il vostro legame. Ridete insieme, condividete ricordi e apprezzate la vostra unica storia di coppia.

Concludendo questo capitolo di sfide intellettuali e di connessione personale, ci prepariamo a entrare nel Capitolo 7: "Sfide per Riscoprire il Partner". Questo prossimo capitolo ci porterà in un viaggio di riscoperta reciproca, dove esploreremo attività che ci permettono di vedere il nostro partner in una luce nuova, approfondendo ulteriormente la nostra comprensione e il nostro apprezzamento l'uno per l'altro. Questo passaggio dalla riflessione interna a un'esplorazione più esterna della relazione garantisce che il viaggio di coppia rimanga avvincente e ricco di scoperte continue.

Capitolo 7

Sfide per Riscoprire il Partner

7.1. Sfida delle Domande Segrete: Quiz su fatti personali del partner

Entriamo ora nel Capitolo 7, "Sfide per Riscoprire il Partner", iniziando con la "Sfida delle Domande Segrete". Questa attività è pensata per esplorare quanto bene conoscete i dettagli più intimi e personali l'uno dell'altro. Attraverso un quiz sui fatti personali del partner, avrete l'opportunità di approfondire la vostra comprensione reciproca e di rafforzare il legame emotivo.

× **Creazione del Quiz:** Iniziate formulando una serie di domande che riguardano aspetti specifici e personali del vostro partner. Queste possono includere domande sui loro sogni, paure, esperienze passate, opinioni su vari argomenti, o persino piccoli dettagli che avete notato nel corso della vostra relazione.

× **Atmosfera Intima e di Condivisione**: Creare un'atmosfera che incoraggi l'onestà e la vulnerabilità. Scegliete un ambiente tranquillo e confortevole dove entrambi vi sentiate a vostro agio nel condividere e ascoltare.

× **Regole e Struttura del Quiz**: Stabilite come verrà condotto il quiz. Potreste alternarvi nel fare domande e nel rispondere, o decidere di scrivere le risposte e confrontarle successivamente. Considerate di impostare un tono giocoso ma rispettoso, mantenendo la sfida leggera ma significativa.

× **Rispetto e Sensibilità**: Mentre alcune domande possono essere leggere e divertenti, altre potrebbero toccare argomenti più profondi o sensibili. È importante rispettare i sentimenti del partner e procedere con sensibilità. Se una domanda sembra troppo personale, è sempre okay passare oltre.

× **Comunicazione e Ascolto Attivo**: Utilizzate questa sfida come un'opportunità per praticare l'ascolto attivo. Mostrate interesse e curiosità per le risposte del partner, e condividete i vostri pensieri ed emozioni in risposta.

× Scoperta e Apprezzamento: Questa sfida può rivelare nuovi aspetti del vostro partner che non conoscevate o che non avevate mai completamente esplorato. Usatela come un'opportunità per mostrare apprezzamento per la loro unicità e per la profondità della vostra relazione.

× **Riflessione sull'Esperienza**: Dopo il quiz, prendetevi del tempo per riflettere sull'esperienza. Discutete di come vi siete sentiti durante la sfida, di ciò che avete imparato l'uno sull'altro e di come queste nuove scoperte possano influenzare la vostra relazione.

Concludendo la Sfida delle Domande Segrete, il prossimo punto, "Sfida dei Ricordi: Chi ricorda meglio eventi passati della relazione", ci porterà in un viaggio nostalgico attraverso i ricordi condivisi. Questo passaggio da esplorare aspetti attuali e personali a rivivere momenti passati della relazione garantisce che il processo di riscoperta sia completo e arricchente, offrendo nuove prospettive su come avete cresciuto e evoluto insieme.

7.2. Sfida dei Ricordi: Chi ricorda meglio eventi passati della relazione

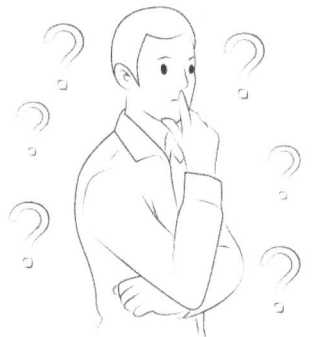

Proseguendo nel nostro viaggio di riscoperta e connessione più profonda, arriviamo alla "Sfida dei Ricordi", una dolce riflessione sugli eventi passati della vostra relazione. Questa attività non solo celebra i momenti che avete condiviso, ma offre anche una finestra sul valore che ciascuno attribuisce a diversi aspetti e ricordi della vostra storia comune.

> **Creazione del Quiz sui Ricordi**: Cominciate raccogliendo ricordi significativi della vostra relazione. Questi possono includere il primo appuntamento, viaggi, festività, difficoltà superate insieme, o semplici momenti quotidiani che hanno lasciato un'impressione. Trasformate questi ricordi in domande quiz.

> **Ambiente Intimo e Confortevole**: Scegliete un ambiente tranquillo e confortevole per questa attività. Potreste sedervi con una tazza di tè o camminare in un luogo che ha un significato speciale per la vostra relazione mentre condividete questi ricordi.

> **Regole e Struttura del Quiz**: Stabilite come verrà condotto il quiz. Potreste decidere di fare domande a turno o scrivere le risposte per poi confrontarle. Ricordate che l'obiettivo è celebrare la vostra storia

condivisa, non solo determinare chi ha la "migliore" memoria.

➢ **Condivisione e Scoperta**: Mentre condividete e rispondete alle domande, siate aperti a scoprire nuove prospettive sui vostri ricordi condivisi. Ascoltate come il vostro partner descrive questi eventi e le emozioni ad essi collegati.

➢ **Rispetto per le Diverse Prospettive**: Ricordate che le persone possono ricordare gli stessi eventi in modi diversi. Rispettate le diverse prospettive e usatele come un modo per comprendere meglio come il vostro partner vive e interpreta la vostra relazione.

➢ **Riflessione sull'Esperienza**: Dopo il quiz, riflettete su ciò che avete imparato l'uno dell'altro e su come i ricordi condivisi hanno formato la vostra relazione. Discutete di come le esperienze passate influenzino la vostra relazione presente e futura.

➢ **Nostalgia e Intimità**: Utilizzate questa sfida come un'opportunità per ricollegarvi e rinnovare la vostra intimità. I ricordi possono essere potenti strumenti emotivi che rafforzano il legame e la comprensione reciproca.

Concludendo la Sfida dei Ricordi, ci prepariamo per la "Sfida del Diario Condiviso: Scrivere insieme e valutare chi è più espressivo". Questo passaggio dal ricordare il passato al creare nuove espressioni attraverso la scrittura condivisa assicura che il processo di riscoperta e connessione continui a essere coinvolgente e profondo, permettendo a ciascuno di voi di esplorare e condividere pensieri e sentimenti in un formato creativo e riflessivo.

7.3. Sfida del Diario Condiviso: Scrivere insieme e valutare chi è più espressivo

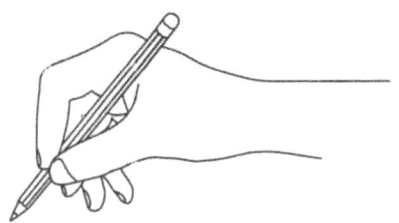 Dopo aver rivissuto ricordi significativi attraverso la "Sfida dei Ricordi", ci immergiamo ora in un'attività che esplora la comunicazione e l'espressione personale: la "Sfida del Diario Condiviso". Questa sfida incoraggia entrambi i partner a esprimere i propri pensieri, sentimenti e creatività attraverso la scrittura, offrendo una finestra unica sulle vostre personalità individuali e sul modo in cui vedete il mondo e la vostra relazione.

→ **Creazione del Diario**: Iniziate scegliendo un bel quaderno o diario che userete per scrivere insieme. Decidete la frequenza con cui scriverete – quotidianamente, settimanalmente o a intervalli regolari che funzionino per entrambi.

→ **Temi e Argomenti**: Stabilite una serie di temi o argomenti su cui scrivere. Questi possono variare da riflessioni personali, sogni e aspirazioni, a racconti di esperienze condivise, pensieri su eventi attuali o anche poesie e racconti brevi.

→ **Regole e Struttura**: Stabilite alcune linee guida di base su come sarà strutturato il diario. Ad esempio, potreste alternarvi nella scrittura o rispondere agli scritti dell'altro. Stabilite anche come "valuterete" chi è più espressivo, tenendo presente che l'espressione può assumere molte forme diverse.

→ **Condivisione e Discussione**: Dopo ogni sessione di scrittura, prendetevi del tempo per leggere ciò che l'altro ha scritto e discutere i pensieri e le emozioni espressi. Questo è un modo per approfondire la vostra comprensione reciproca e apprezzare le diverse prospettive e stili espressivi.

→ **Rispetto e Sensibilità**: Rispettate la sincerità e la vulnerabilità espressa negli scritti del partner. Evitate critiche negative e concentratevi invece sull'ascolto e sulla comprensione.

→ **Apprezzamento dell'Espressione Creativa**: Celebrate la diversità delle vostre espressioni creative. Siate aperti a diverse forme di scrittura e apprezzate i punti di forza unici di ciascuno nella comunicazione e nell'espressione.

→ **Riflessione sull'Esperienza di Scrittura**: Dopo aver scritto per un po' di tempo, riflettete sull'esperienza complessiva. Discutete di come la scrittura condivisa abbia influenzato la vostra relazione e di cosa avete imparato l'uno sull'altro attraverso questo processo.

Concludendo la sfida del diario condiviso, ci prepariamo a entrare nella prossima attività, "Sfida dell'Imitazione: Imitare l'altro in modo divertente e affettuoso". Questo passaggio dalla scrittura intima e riflessiva all'espressione giocosa attraverso l'imitazione offre un modo leggero e affettuoso per esplorare e celebrare le caratteristiche uniche di ciascun partner. Continuando con queste sfide variegate, il nostro viaggio di riscoperta e apprezzamento reciproco continua ad arricchire e approfondire la nostra relazione.

7.4. Sfida dell'Imitazione: Imitare l'altro in modo divertente e affettuoso

Dopo aver esplorato la profondità e la complessità delle nostre espressioni personali attraverso il diario condiviso, ci spostiamo ora su una sfida più leggera e giocosa: la "Sfida dell'Imitazione". Questa attività unica vi invita a imitare l'altro in un modo divertente e affettuoso, offrendo l'opportunità di esplorare le peculiarità e i tratti distintivi di ciascuno in un contesto allegro e amorevole.

★ **Preparazione alla Sfida**: Iniziate osservando i modi di fare, le espressioni, i gesti e i modi di parlare del vostro partner. Prendete nota mentalmente delle loro peculiarità o tratti caratteristici che potrebbero essere divertenti e amorevoli da imitare.

★ **Stabilire un Ambiente Gioioso**: Scegliete un momento in cui entrambi siete rilassati e dell'umore giusto per questa attività. L'obiettivo è ridere insieme e godersi l'esperienza, quindi è importante che l'atmosfera sia leggera e giocosa.

★ **Regole della Sfida**: Stabilite alcune regole di base per assicurare che l'imitazione rimanga sempre affettuosa e non offensiva. È importante che entrambi siate a vostro agio e che l'intento sia sempre di divertirsi insieme, non di prendersi gioco dell'altro in modo negativo.

★ **Turni di Imitazione**: A turno, ciascuno di voi avrà l'opportunità di imitare l'altro. Questo potrebbe includere imitare il modo in cui il partner parla, cammina, ride, o reagisce a situazioni specifiche. L'imitazione può essere esagerata per enfatizzare l'aspetto ludico.

★ **Reazione e Interazione**: Mentre uno imita, l'altro può rispondere o reagire in modo giocoso. Questa interazione può portare a momenti divertenti e inaspettati, rafforzando il legame e la connessione tra di voi.

★ **Riflessione sull'Esperienza**: Dopo la sfida, prendetevi del tempo per riflettere sull'esperienza. Parlate di ciò che avete trovato divertente, di ciò che avete imparato l'uno sull'altro e di come queste imitazioni hanno offerto una prospettiva diversa sulla personalità e le abitudini di ciascuno.

★ **Rispetto e Comprensione**: Anche se l'attività è pensata per essere leggera e divertente, è fondamentale mantenere un senso di rispetto e comprensione. Riconoscete che ogni persona ha le proprie peculiarità e che queste sono parte di ciò che li rende unici e speciali.

Concludendo questa sfida passeremo dall'imitazione giocosa all'esplorazione delle abitudini quotidiane offre un ulteriore approfondimento nelle dinamiche quotidiane della relazione. Questa transizione ci permette di continuare il nostro viaggio di riscoperta e apprezzamento reciproco, esplorando gli aspetti più quotidiani e forse inesplorati della nostra vita condivisa.

7.5. Sfida delle Abitudini: Indovinare le abitudini segrete del partner

Proseguendo nel nostro percorso di riscoperta reciproca, ci avventuriamo ora nella "Sfida delle Abitudini", una divertente e illuminante esplorazione delle abitudini quotidiane, note e meno note, del nostro partner. Questa sfida mira a rivelare quanto siamo attenti ai dettagli della vita quotidiana dell'altro, scoprendo aspetti forse sconosciuti o poco notati della loro personalità e routine.

- **Preparazione della Sfida**: Iniziate pensando alle vostre abitudini quotidiane, sia quelle evidenti che quelle meno ovvie. Queste potrebbero includere abitudini mattutine, rituali prima di andare a letto, abitudini legate al cibo, peculiarità nel modo di parlare o di muoversi, e così via.

- **Creazione di Domande**: Formulate una serie di domande basate sulle abitudini che avete osservato nel vostro partner. Queste domande possono spaziare da "Qual è la prima cosa che faccio al mattino?" a "C'è un'abitudine che ho quando sono nervoso/a?". L'idea è di coprire una gamma di attività e comportamenti.

- **Regole e Atmosfera Giocosa**: Stabilite un'atmosfera leggera e giocosa per la sfida. Mentre l'obiettivo è indovinare le abitudini segrete, l'intenzione principale è di divertirsi e approfondire la conoscenza reciproca, non di giudicare o criticare.

- **Turni di Indovinello e Risposta**: A turno, fatevi le domande e cercate di indovinare le risposte. Questo non solo testa quanto bene conoscete il vostro partner, ma può anche portare a scoperte sorprendenti e momenti di condivisione.

- **Rispetto e Comprensione**: Mentre scoprite nuove abitudini del vostro partner, è importante mantenere un atteggiamento di rispetto e comprensione. Ogni abitudine, anche quella più piccola o insolita, fa parte di ciò che rende il vostro partner unico.

- **Condivisione e Scoperta**: Utilizzate questa sfida come un'opportunità per condividere storie o ragioni dietro determinate abitudini. Questo può portare a una maggiore comprensione e apprezzamento delle sfumature nella personalità e nel comportamento dell'altro.

- **Riflessione sull'Esperienza**: Dopo la sfida, riflettete insieme sull'esperienza. Discutete di ciò che avete imparato, di eventuali sorprese e di come queste nuove scoperte possono influenzare la vostra percezione reciproca.

Concludendo la sfida delle abitudini, ci prepariamo a entrare nel Capitolo 8, "Sfide per Crescere Insieme". Questo prossimo capitolo ci porterà in un viaggio di crescita e sviluppo condiviso, dove esploreremo attività e sfide che non solo rivelano, ma anche costruiscono e rafforzano il nostro legame di coppia. Questa transizione dall'osservazione e dalla scoperta alla crescita attiva e condivisa assicura che il nostro percorso di coppia continui ad essere ricco, dinamico e profondamente gratificante.

Capitolo 8

Sfide per Crescere Insieme

8.1. Sfida del Progetto Comune: Realizzare insieme un progetto e valutarne il successo

Entrando nel Capitolo 8, "Sfide per Crescere Insieme", la prima attività che esploriamo è la "Sfida del Progetto Comune". Questa sfida si concentra sulla collaborazione e sul lavoro di squadra per realizzare un progetto condiviso, che sia un'impresa domestica, un hobby creativo o un obiettivo personale. Attraverso questa attività, le coppie possono esplorare nuove aree di cooperazione, migliorare la comunicazione e rafforzare il loro legame attraverso il raggiungimento di un obiettivo comune.

➤ **Selezione del Progetto**: Iniziate scegliendo un progetto che entrambi troviate stimolante ed entusiasmante. Potrebbe trattarsi di rinnovare una stanza della casa, pianificare un viaggio, creare un'opera d'arte o un giardino, o anche avviare un piccolo progetto imprenditoriale. L'importante è che il progetto sia qualcosa che entrambi siete interessati a perseguire e che richieda un impegno condiviso.

➤ **Pianificazione e Divisione dei Compiti**: Una volta scelto il progetto, pianificate insieme come lo realizzerete. Questo include la suddivisione dei compiti, la definizione di scadenze e la pianificazione delle varie fasi del progetto. Assicuratevi che entrambi abbiate un ruolo equo e significativo nel progetto.

➤ **Comunicazione e Risoluzione dei Problemi**: Durante il lavoro sul progetto, la comunicazione aperta e onesta è fondamentale. Affrontate insieme eventuali sfide o disaccordi e cercate soluzioni costruttive. La capacità di risolvere i problemi insieme è una parte importante di questa sfida.

➢ **Apprendimento e Crescita Condivisa**: Considerate questo progetto come un'opportunità di apprendimento e crescita sia individuale che di coppia. Osservate come lavorate insieme sotto pressione, come gestite i disaccordi e come potete supportarvi a vicenda.

➢ **Valutazione del Successo**: Una volta completato il progetto, prendetevi del tempo per valutarne il successo. Questo non riguarda solo il risultato finale, ma anche il processo di lavoro insieme. Discutete di ciò che ha funzionato bene, di ciò che potrebbe essere migliorato e di come l'esperienza abbia influenzato la vostra relazione.

➢ **Celebrazione delle Realizzazioni**: Celebrate il successo del vostro progetto condiviso. Questa celebrazione può essere tanto un momento di riflessione quanto una festa delle vostre realizzazioni condivise, riconoscendo l'importanza del vostro lavoro di squadra e del sostegno reciproco.

➢ **Riflessione sull'Esperienza**: Riflettete sull'intera esperienza del progetto comune. Come ha influenzato la vostra comprensione reciproca? In che modo ha rafforzato la vostra relazione? Cosa avete imparato l'uno sull'altro?

Concludendo la sfida del progetto comune, ci prepariamo per la "Sfida dell'Autosviluppo: Stabilire obiettivi personali e veder chi li raggiunge per primo". Questo passaggio dal lavorare insieme su un progetto esterno al concentrarsi su obiettivi personali individuali permette di esplorare un altro aspetto importante della crescita di coppia: il supporto reciproco nello sviluppo personale e individuale. Questa transizione assicura che le sfide proposte in questo libro continuino a stimolare e arricchire la relazione in modi diversi e significativi.

8.2. Sfida dell'Autosviluppo: Stabilire obiettivi personali e veder chi li raggiunge per primo

Passiamo ora dalla collaborazione su un progetto comune alla "Sfida dell'Autosviluppo", dove ciascuno stabilisce e persegue i propri obiettivi personali. Questa sfida mira a promuovere la crescita individuale all'interno della relazione, incoraggiando ciascun partner a esplorare e realizzare le proprie aspirazioni, mentre si sostiene a vicenda in questo percorso.

♦ **Definizione degli Obiettivi Personali:** Iniziate identificando obiettivi che ciascuno desidera raggiungere. Questi possono variare da obiettivi legati alla salute, come iniziare un programma di fitness, a obiettivi professionali, creativi, o di apprendimento, come imparare una nuova abilità o hobby. L'importante è che gli obiettivi siano significativi e sfidanti per l'individuo.

- **Pianificazione e Strategia**: Una volta stabiliti gli obiettivi, pianificate come li perseguirete. Questo potrebbe includere la creazione di un piano d'azione, la definizione di scadenze e la determinazione di passi concreti per raggiungere l'obiettivo.

- **Supporto e Incoraggiamento Reciproco**: Anche se gli obiettivi sono individuali, il supporto reciproco gioca un ruolo cruciale in questa sfida. Incoraggiatevi a vicenda, condividete progressi e sfide, e offrite sostegno morale durante il percorso.

- **Valutazione del Progresso**: Stabilite regolari check-in per discutere dei progressi verso gli obiettivi. Questi incontri possono essere opportunità per celebrare i successi, riflettere sugli ostacoli e ricalibrare il piano d'azione se necessario.

- **Competizione Amichevole**: Mentre l'obiettivo principale è il miglioramento personale, un elemento di competizione amichevole può aggiungere motivazione.

Tuttavia, è fondamentale mantenere un atteggiamento positivo e concentrarsi sul proprio percorso di crescita piuttosto che su una competizione rigida.

♦ **Riflessione sull'Apprendimento e la Crescita**: Dopo aver raggiunto o lavorato verso i vostri obiettivi, riflettete sull'esperienza di apprendimento e crescita. Discutete di ciò che avete imparato su voi stessi e su come questi obiettivi hanno influenzato la vostra autopercezione e il vostro ruolo all'interno della relazione.

♦ *Celebrazione delle Realizzazioni Individuali*: Festeggiate i traguardi raggiunti, indipendentemente da chi "raggiunge per primo" l'obiettivo. Riconoscete l'importanza di ogni passo verso il miglioramento personale e come questo contribuisca alla salute e alla felicità della relazione nel suo insieme.

Spostiamoci adesso verso la "Sfida della Pazienza: Chi riesce a rimanere paziente più a lungo in situazioni stressanti". Questo passaggio dallo sviluppo individuale all'esplorazione della pazienza e della gestione dello stress in coppia ci permette di esaminare un altro aspetto fondamentale del miglioramento personale e della costruzione di una relazione sana. Questa transizione sottolinea l'importanza di sviluppare qualità interne che sono vitali per il benessere di entrambi i partner e della relazione nel suo complesso.

8.3. Sfida della Pazienza: Chi riesce a rimanere paziente più a lungo in situazioni stressanti

Proseguendo nel nostro percorso di crescita personale e di coppia nel Capitolo 8, ci concentriamo ora sulla "Sfida della Pazienza". Questa sfida mette alla prova la capacità di mantenere la calma e la pazienza in situazioni potenzialmente stressanti, un aspetto cruciale per costruire una relazione armoniosa e resiliente.

- **Identificazione delle Situazioni Stressanti**: Iniziate identificando situazioni comuni o ricorrenti che tendono a creare stress o tensione nella vostra relazione. Queste potrebbero includere situazioni legate al lavoro, alla gestione della casa, o alla pianificazione delle attività quotidiane.

- **Impostazione delle Regole della Sfida**: Stabilite le regole su come affronterete queste situazioni. L'obiettivo è di rimanere il più paziente e calmo possibile, evitando reazioni affrettate o emotive. Potreste decidere di prendervi un momento per respirare profondamente o di praticare una comunicazione consapevole prima di rispondere.

- **Monitoraggio e Auto-Riflessione**: Durante la sfida, fate attenzione a come reagite alle situazioni stressanti. Siate consapevoli dei vostri schemi abituali di reazione e sforzatevi di interromperli con risposte più pazienti e riflessive. Dopo ogni situazione, riflettete su come avete gestito lo stress e cosa potreste migliorare.

¤ **Supporto e Incoraggiamento Reciproco:** Sostenetevi a vicenda nel tentativo di rimanere pazienti. Se uno di voi sta lottando, offrite supporto e comprensione piuttosto che critiche. Celebrate i piccoli successi e gli sforzi dell'altro.

¤ **Valutazione del Progresso:** Regolarmente, discutete i progressi fatti in termini di pazienza. Queste discussioni possono rivelare intuizioni su come ognuno gestisce lo stress e su come potete supportarvi meglio a vicenda.

¤ **Apprendimento dalle Esperienze:** Utilizzate ogni situazione come un'opportunità di apprendimento. Cosa potete imparare dalle vostre reazioni? Come le vostre reazioni influenzano la relazione? C'è un modo in cui potreste gestire meglio lo stress in futuro?

¤ **Celebrazione delle Realizzazioni**: Celebrate il miglioramento nella vostra capacità di gestire lo stress e di mantenere la pazienza. Questo riconoscimento comune aiuta a rafforzare la relazione e ad incoraggiare ulteriori progressi.

Concludendo la sfida della pazienza, ci prepariamo per il prossimo punto, "Sfida della Distrazione Zero: Dedicare una giornata senza distrazioni tecnologiche". Questa transizione ci porta dal migliorare le nostre reazioni personali alle situazioni stressanti a focalizzarci sulla qualità del tempo trascorso insieme, liberi dalle distrazioni della vita moderna. Attraverso queste sfide progressive, continuiamo a esplorare modi per costruire una relazione più forte, più consapevole e più connessa.

8.4. Sfida della Distrazione Zero: Dedicare una giornata senza distrazioni tecnologiche

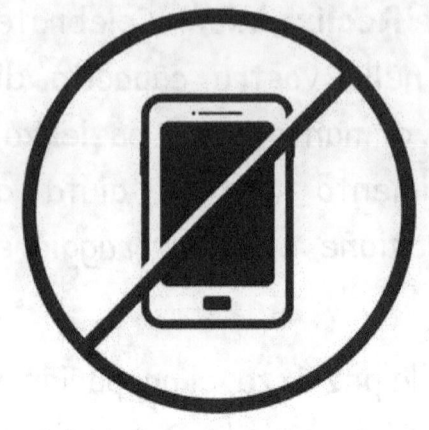

Proseguendo il nostro percorso nel Capitolo 8, "Sfide per Crescere Insieme", ci imbarchiamo nella "Sfida della Distrazione Zero", un'esperienza mirata a riconnettere con il partner attraverso una giornata senza distrazioni tecnologiche. In un'era dominata da schermi e dispositivi elettronici, questa sfida è un invito a riscoprire il piacere della presenza fisica e dell'interazione diretta, ponendo l'attenzione sulla qualità del tempo trascorso insieme.

☺ **Preparazione per la Giornata Senza Distrazioni**: Scegliete una data per la vostra giornata senza tecnologia. Assicuratevi che entrambi siate liberi da impegni che richiedono l'uso di dispositivi elettronici. Informate amici e familiari del vostro piano, se necessario, per evitare interruzioni.

☺ **Stabilire le Regole**: Decidete insieme quali forme di tecnologia saranno eliminate. Questo può includere smartphone, computer, televisione, e altri dispositivi elettronici. Stabilite chiare aspettative su ciò che è permesso e ciò che non lo è.

☺ **Pianificazione delle Attività**: Programmate attività che potete godere insieme senza la necessità di tecnologia. Queste possono includere passeggiate nella natura, cucinare insieme, giochi da tavolo, leggere, praticare hobby condivisi, o semplicemente conversare.

☺ **Focalizzazione sulla Connessione**: Utilizzate questo tempo per rafforzare la vostra connessione emotiva. Ascoltate attivamente l'uno l'altro, condividete pensieri e sentimenti, e godetevi la presenza reciproca senza le distrazioni usuali.

☺ **Riflessione sulla Tecnologia e le Relazioni**: Durante e dopo la giornata, riflettete sul ruolo che la tecnologia gioca nelle vostre vite e nella vostra relazione. Cosa cambia quando rimuovete le distrazioni digitali? Come vi sentite in termini di connessione con il vostro partner?

☺ **Valutazione dell'Esperienza**: Discutete dell'esperienza di passare una giornata senza tecnologia. Cosa avete imparato l'uno sull'altro? C'è qualcosa che vorreste cambiare nella vostra routine quotidiana per ridurre le distrazioni e migliorare la qualità del tempo trascorso insieme?

☺ **Celebrazione del Tempo Trascorso Insieme**: Celebrate la qualità del tempo trascorso insieme e riconoscete l'importanza di disconnettersi occasionalmente per riconnettersi a livello più profondo.

Adesso ci prepariamo per la "Sfida del Compromesso: Trovare soluzioni creative ai disaccordi". Questo passaggio ci sposta dall'allontanarci dalla tecnologia all'affrontare e risolvere attivamente i disaccordi all'interno della relazione. Questa transizione enfatizza l'importanza di lavorare insieme per superare le sfide e di trovare soluzioni creative e reciprocamente soddisfacenti ai problemi comuni. Attraverso queste sfide, continuiamo a costruire una relazione basata sulla comprensione, sul rispetto reciproco e sulla crescita condivisa.

8.5. Sfida del Compromesso: Trovare soluzioni creative ai disaccordi

Il Capitolo 8, "Sfide per Crescere Insieme", si conclude con la "Sfida del Compromesso", focalizzata sull'affrontare e risolvere i disaccordi in modo costruttivo. Questa sfida promuove la comprensione, l'empatia e la creatività nella ricerca di soluzioni ai problemi comuni, incoraggiando le coppie a superare gli ostacoli insieme, rafforzando così la loro relazione.

◊ **Identificazione dei Disaccordi**: Iniziate identificando alcune aree di disaccordo o tensione nella vostra relazione. Questi possono variare da questioni quotidiane, come le decisioni domestiche, a divergenze su argomenti più ampi o decisioni importanti.

◊ **Creazione di un Ambiente Sicuro per la Discussione**: Stabilite un ambiente in cui entrambi vi sentiate a vostro agio per discutere apertamente. È importante che ci sia un clima di rispetto e fiducia, dove ogni partner si senta ascoltato e valorizzato.

◊ **Approccio Creativo alla Risoluzione dei Problemi**: Invece di aderire a soluzioni standard o compromessi banali, cercate approcci creativi e non convenzionali per risolvere i disaccordi. Questo potrebbe includere brainstorming insieme, considerare soluzioni che non avete mai pensato prima, o cercare ispirazione da fonti esterne.

◊ **Ascolto Attivo e Empatia**: Durante la discussione, praticate l'ascolto attivo. Ciò significa ascoltare per comprendere veramente il punto di vista del partner, piuttosto che ascoltare solo per rispondere. Mostrate empatia e cercate di vedere la situazione dal loro punto di vista.

◊ **Negoziazione e Compromesso**: Una volta che entrambi avete espresso i vostri punti di vista, iniziate a negoziare e trovare un compromesso. Cerca di trovare una soluzione che soddisfi entrambi, anche se ciò significa fare delle concessioni.

◊ **Valutazione del Processo e del Risultato**: Dopo aver trovato un compromesso, valutate insieme il processo. Come vi siete sentiti durante la discussione? La soluzione trovata è soddisfacente per entrambi? Cosa potreste fare diversamente in futuro?

◊ **Rafforzamento del Legame attraverso le Sfide**: Riflettete su come affrontare e risolvere i disaccordi possa effettivamente rafforzare la vostra relazione. Ogni sfida superata insieme può aumentare la fiducia reciproca e la comprensione.

Concludendo la sfida del compromesso, ci avviciniamo al Capitolo 9, "Mantenere la Scintilla Attraverso la Competizione". Questo nuovo capitolo si concentra su come la competizione sana e giocosa può aggiungere vitalità e eccitazione alla relazione. La transizione dal risolvere i disaccordi alla condivisione di momenti competitivi ma divertenti enfatizza l'importanza dell'equilibrio tra serietà e giocosità, tra lavorare insieme su sfide difficili e godersi momenti leggeri di sfida reciproca. Attraverso questo equilibrio, le coppie possono continuare a costruire una relazione dinamica e gratificante.

Capitolo 9

Mantenere la Scintilla Attraverso la Competizione

9.1. Sfida della Sorpresa Mensile: Chi organizza la sorpresa più originale ogni mese

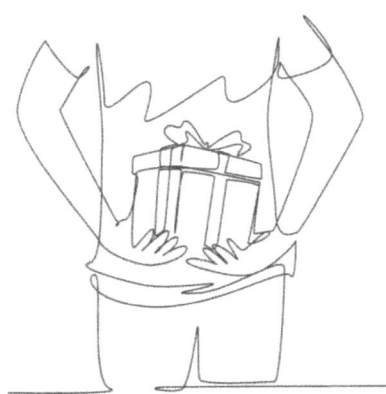

Il Capitolo 9 si apre con la "Sfida della Sorpresa Mensile", che mira a rinvigorire la relazione con creatività e imprevedibilità. Questa sfida invita le coppie a organizzare una sorpresa originale l'una per l'altra ogni mese, stimolando la creatività e mantenendo viva l'eccitazione nella relazione.

❑ **Pianificazione e Creatività**: La sfida inizia con la pianificazione di una sorpresa per il partner. Questo può variare da piccoli gesti, come preparare una cena speciale o organizzare un'uscita inaspettata, a progetti più elaborati, come un weekend a sorpresa o un'attività insolita che il partner ha sempre voluto provare. La chiave è l'originalità e il pensiero messo nella sorpresa.

❑ **Regole della Sfida**: Stabilite alcune regole di base, come il budget da rispettare o i tipi di sorprese ammesse. È importante che entrambi i partner si sentano a proprio agio e eccitati dall'idea della sfida.

❑ **Focalizzazione sul Partner**: Quando pianificate la sorpresa, tenete a mente gli interessi, i desideri e le passioni del vostro partner. L'obiettivo è dimostrare attraverso l'azione quanto li conoscete e li apprezzate.

❑ **Elemento di Sorpresa**: Mantenete l'elemento di sorpresa. Anche se è una sfida mensile, cercate di non cadere in una routine prevedibile. Siate creativi nel modo e nei tempi in cui organizzate la sorpresa.

❑ **Condivisione e Apprezzamento**: Dopo ogni sorpresa, prendetevi il tempo per condividere le vostre esperienze. Discutete di ciò che vi è piaciuto, di come vi siete sentiti e di cosa avete imparato l'uno sull'altro attraverso il processo.

❑ **Valutazione del Successo**: Valutate il successo della sorpresa non solo in base alla sua originalità, ma anche in base all'impatto emotivo e al piacere che ha portato nella vostra relazione.

❑ **Riflessione sulla Crescita della Relazione**: Utilizzate queste esperienze mensili per riflettere sulla crescita e i cambiamenti nella vostra relazione. Ogni sorpresa può rivelare nuovi aspetti della vostra connessione e approfondire la vostra comprensione reciproca.

Concludendo la sfida della sorpresa mensile, ci prepariamo a entrare nella prossima sfida, "Sfida della Memoria: Ricreare il primo appuntamento". Questo passaggio dall'organizzare sorprese nuove e creative al rivivere un momento significativo del passato offre una prospettiva unica sulla continuità e sull'evoluzione della relazione. Attraverso questa varietà di sfide, continuiamo a esplorare modi diversi e significativi per mantenere viva la scintilla e rafforzare il nostro legame di coppia.

9.2. Sfida della Memoria: Ricreare il primo appuntamento

Nel Capitolo 9, "Mantenere la Scintilla Attraverso la Competizione", la "Sfida della Memoria" ci invita a rivivere e ricreare uno dei momenti più significativi della relazione: il primo appuntamento. Questa attività non solo è un esercizio nostalgico che richiama ricordi preziosi, ma è anche un modo per valutare quanto sia cresciuta e maturata la relazione da quel primo incontro.

→ **Rievocazione del Primo Appuntamento**: Iniziate ricordando insieme i dettagli del vostro primo appuntamento. Questo può includere il luogo, l'attività svolta, ciò che avete indossato, ciò che avete mangiato o bevuto, e qualsiasi conversazione o evento particolare che si sia verificato.

→ **Pianificazione della Ricreazione**: Una volta rievocati i dettagli, pianificate come ricreare questo appuntamento. Se possibile, visitate lo stesso luogo, svolgete le stesse attività, e cercate di ricreare l'atmosfera di quel primo incontro. Se il luogo originale non è più accessibile o se le circostanze sono cambiate, siate creativi nel trovare modi alternativi per catturare lo spirito di quel giorno.

→ **Condivisione di Ricordi e Emozioni**: Durante la ricreazione dell'appuntamento, condividete i vostri ricordi e le emozioni associate a quel primo incontro. Riflettete su come vi siete sentiti allora e su come vi sentite ora riguardo alla vostra relazione.

→ **Valutazione della Crescita della Relazione**: Utilizzate questa esperienza per valutare come sia cambiata la vostra relazione. Discutete dei modi in cui siete cresciuti insieme, delle sfide che avete superato e di come la vostra comprensione reciproca si sia approfondita nel tempo.

→ **Apprezzamento del Percorso Condiviso**: Riconoscete e celebrate il viaggio che avete intrapreso insieme dalla data del vostro primo appuntamento. Apprezzate le piccole cose che hanno contribuito a rendere la vostra relazione unica e speciale.

→ **Riflessione sull'Importanza dei Ricordi**: Riflettete su come i ricordi condivisi siano importanti per la vostra relazione. Discutete di come la capacità di guardare indietro a questi momenti possa rafforzare il vostro legame presente e futuro.

→ **Condivisione di Esperienze e Apprendimenti**: Dopo aver ricreato il vostro primo appuntamento, condividete ciò che avete imparato o sperimentato durante la sfida. Cosa ha significato per voi rivivere questo momento? Ci sono stati nuovi apprendimenti o sorprese?

Prepariamoci ora per "Pianificare la Prossima Sfida: Ideare insieme la prossima avventura". Questo passaggio dalla rievocazione di ricordi passati alla pianificazione di future esperienze sottolinea l'importanza di bilanciare il passato, il presente e il futuro nella relazione. Attraverso queste sfide, continuiamo a costruire una relazione dinamica, ricca di storia e prospettive, sempre pronti a esplorare nuovi orizzonti insieme.

9.3. Pianificare la Prossima Sfida: Ideare insieme la prossima avventura

Dopo aver rivissuto il passato nella "Sfida della Memoria", ci spostiamo ora verso il futuro con la "Pianificazione della Prossima Sfida". Questa attività si concentra sull'ideazione congiunta della prossima avventura o sfida da intraprendere insieme. È un esercizio che incoraggia la creatività, la pianificazione collaborativa e l'anticipazione di nuove esperienze condivise, rafforzando così la dinamicità e l'eccitazione nella relazione.

❖ **Brainstorming di Idee**: Iniziate con una sessione di brainstorming, dove entrambi contribuite con idee per la prossima avventura o sfida. Queste possono variare da viaggi e avventure all'aperto a progetti creativi o imprese di apprendimento condivise. L'obiettivo è trovare qualcosa che entrambi siete entusiasti di sperimentare insieme.

❖ **Valutazione delle Proposte**: Dopo aver generato una lista di idee, valutatele insieme. Considerate fattori come la fattibilità, l'interesse personale e il potenziale di crescita e divertimento che ogni idea potrebbe portare.

❖ **Decisione Condivisa**: Prendete una decisione condivisa su quale sfida intraprendere. È importante che entrambi vi sentiate coinvolti e eccitati dall'idea scelta. La decisione dovrebbe essere un compromesso felice che riflette gli interessi e i desideri di entrambi.

❖ **Pianificazione Dettagliata**: Una volta scelta la sfida, iniziate a pianificare i dettagli. Questo può includere la ricerca, la pianificazione logistica, l'allocazione del budget e la definizione di una timeline. Lavorare insieme su questi aspetti rafforza il senso di squadra e di partenariato.

❖ **Aspettative e Obiettivi**: Parlate delle vostre aspettative e stabilite obiettivi condivisi per la sfida o l'avventura. Questi obiettivi possono essere relativi all'esperienza stessa o a ciò che sperate di ottenere o imparare da essa.

❖ **Preparazione al Nuovo**: Preparatevi ad abbracciare nuove esperienze e sfide. Questa attività può portarvi fuori dalla vostra zona di comfort, il che è un eccellente modo per crescere individualmente e come coppia.

❖ **Riflessione e Anticipazione**: Utilizzate il tempo di preparazione non solo per organizzare, ma anche per riflettere su cosa significhi intraprendere questa nuova avventura insieme. L'anticipazione e l'eccitazione possono essere un potente collante emotivo per la coppia.

Ci dirigiamo adesso verso la sfida successiva e questo passaggio dall'ideazione e pianificazione di avventure esterne all'esplorazione di intimità e connessione emotiva profonda all'interno della relazione enfatizza l'importanza di bilanciare attività esterne ed esperienze interne. Queste sfide continuano a promuovere una relazione ricca, equilibrata e pienamente realizzata.

9.4. Sfida della Connessione Emotiva: Chi riesce a creare il momento più intimo

Il Capitolo 9 prosegue con la "Sfida della Connessione Emotiva", che si focalizza sull'intensificare la vicinanza emotiva e la comprensione reciproca. Questa sfida incoraggia le coppie a creare consapevolmente momenti di profonda intimità emotiva, rafforzando così il legame e la comprensione a un livello più profondo.

☺ **Concetto della Sfida**: L'idea è che ciascun partner prenda l'iniziativa per creare un'occasione o un'esperienza che permetta di condividere un momento di intimità emotiva profonda. Questo può includere condividere pensieri e sentimenti profondi, rievocare momenti significativi della relazione, o esplorare nuove modalità di connessione emotiva.

☺ **Pianificazione del Momento Intimo**: Pensate a cosa significa intimità emotiva per voi e il vostro partner. Potrebbe essere una cena a lume di candela, una passeggiata mano nella mano, una sessione di ascolto attivo, o un'attività che entrambi trovate particolarmente connessa e significativa.

☺ **Focalizzazione sull'Ascolto e sulla Condivisione**: Durante il momento intimo, l'ascolto attivo e la condivisione onesta sono essenziali. Siate presenti, ascoltate senza giudicare e condividete apertamente i vostri pensieri e sentimenti più profondi.

☺ **Creazione di un'Atmosfera Adatta**: L'ambiente gioca un ruolo cruciale nel facilitare l'intimità emotiva. Scegliete un luogo che sia privato e confortevole, libero da distrazioni esterne, dove potete concentrarvi l'uno sull'altro.

☺ **Valutazione dell'Esperienza**: Dopo aver creato e condiviso il momento intimo, riflettete sull'esperienza. Discutete di come vi siete sentiti, di ciò che avete imparato l'uno dell'altro e di come l'esperienza abbia influenzato il vostro legame emotivo.

☺ **Rispetto e Sensibilità**: Poiché queste situazioni possono richiedere vulnerabilità, approcciatele con rispetto, cura e sensibilità. Riconoscete l'importanza della fiducia e del supporto reciproco in questi momenti.

☺ **Rafforzamento del Legame Emotivo**: Utilizzate queste esperienze per approfondire la vostra comprensione reciproca e per rafforzare il vostro legame emotivo. Riconoscete che la vicinanza emotiva è una componente fondamentale di una relazione sana e soddisfacente.

Concludendo la sfida della connessione emotiva, ci avviciniamo al prossimo punto, "Sfida dell'Innovazione in Casa: Chi propone il miglior miglioramento domestico". Questo passaggio dall'intimità emotiva a un'attività più pratica e tangibile come il miglioramento domestico mostra l'importanza di bilanciare gli aspetti emotivi e funzionali della vita condivisa. Attraverso queste diverse sfide, continuiamo a esplorare e arricchire ogni aspetto della nostra relazione.

9.5. Sfida dell'Innovazione in Casa: Chi propone il miglior miglioramento domestico

Proseguendo il nostro viaggio nel Capitolo 9, "Mantenere la Scintilla Attraverso la Competizione", ci imbattiamo nella "Sfida dell'Innovazione in Casa". Questa sfida incoraggia le coppie a migliorare il loro spazio condiviso attraverso idee creative e progetti di miglioramento domestico. È un'esercizio che unisce creatività, funzionalità e lavoro di squadra, mirando a rendere la casa un luogo più accogliente e rappresentativo della relazione.

➢ **Generazione di Idee per il Miglioramento Domestico**: Iniziate brainstorming su come potete migliorare la vostra casa. Questo può includere progetti di decorazione, riorganizzazione, rinnovamenti o anche piccoli cambiamenti che possono fare una grande differenza nella vostra vita quotidiana.

➢ **Valutazione delle Proposte**: Una volta che entrambi avete presentato le vostre idee, valutatele insieme. Considerate fattori come la fattibilità, il costo, il tempo richiesto per il completamento e il potenziale impatto sulla qualità della vostra vita domestica.

➢ **Decisione e Pianificazione**: Scegliete l'idea o le idee che vi entusiasmano di più e pianificate come realizzarle. Questo può includere la creazione di un budget, l'acquisto di materiali, la pianificazione delle fasi del progetto e la definizione di ruoli e responsabilità.

➢ **Realizzazione del Progetto**: Lavorate insieme per portare a termine il progetto. Questo può essere un'ottima opportunità per migliorare le vostre abilità di collaborazione e problem solving, oltre a creare qualcosa di tangibile che migliora il vostro spazio condiviso.

➢ **Riflessione sul Processo e sull'Esito**: Dopo aver completato il progetto, riflettete sull'esperienza. Cosa avete imparato durante il processo? Come il miglioramento ha influenzato la vostra percezione della casa e della vostra vita condivisa?

➤ **Celebrazione delle Realizzazioni**: Celebrate insieme il completamento del progetto. Riconoscete il duro lavoro e la creatività che avete messo in questo miglioramento domestico e godetevi i frutti del vostro lavoro.

➤ **Rafforzamento del Senso di Comunità Domestica**: Questi progetti non solo migliorano l'aspetto fisico della casa, ma rafforzano anche il senso di appartenenza e di comunità all'interno della vostra relazione. Ogni miglioramento è un simbolo del vostro impegno condiviso per creare uno spazio che rifletta chi siete come coppia.

Concludendo la sfida dell'innovazione in casa, ci avviciniamo al Capitolo 10, "Costruire un Futuro di Avventure". Questo passaggio dal miglioramento del presente all'esplorazione di future avventure condivise enfatizza l'importanza di guardare avanti e pianificare insieme un futuro entusiasmante e gratificante. Continuando con queste sfide, le coppie possono assicurarsi che la loro relazione rimanga dinamica, evolutiva e sempre piena di nuove esperienze e scoperte.

Capitolo 10

Costruire un Futuro di Avventure

10.1. Sfida del Piano di Vita di Coppia: Stabilire obiettivi di vita insieme

Entrando nel Capitolo 10, "Costruire un Futuro di Avventure", la prima sfida, "Sfida del Piano di Vita di Coppia", pone l'accento sull'importanza di condividere visioni e obiettivi per il futuro. Questa sfida aiuta le coppie a allineare i loro sogni e aspettative, fornendo una base solida per una crescita e un'avventura condivise nel lungo termine.

- **Definizione degli Obiettivi di Vita**: Iniziate questa sfida prendendovi un momento per riflettere individualmente sugli obiettivi di vita. Questi possono includere aspetti come la carriera, l'educazione, la salute, il tempo libero, i viaggi, la famiglia, e qualsiasi altra area che considerate importante per il vostro futuro.

- **Sessione di Condivisione e Discussione**: Una volta riflettuto individualmente, condividete i vostri pensieri e obiettivi con il partner. Ascoltate attivamente l'uno l'altro, mostrando interesse e comprensione per le aspirazioni dell'altro.

- **Allineamento e Compromesso**: Discutete di come i vostri obiettivi individuali possano allinearsi o richiedere compromessi. È importante trovare un equilibrio tra il sostenere le aspirazioni individuali e il costruire un futuro condiviso che sia soddisfacente per entrambi.

- **Pianificazione Pratica**: Una volta identificati gli obiettivi condivisi, passate alla fase di pianificazione. Questo può includere la definizione di tempi, la pianificazione di passi concreti e la considerazione di eventuali risorse necessarie, come tempo, denaro o formazione.

- **Monitoraggio e Adattamento**: Stabilite un sistema per monitorare i progressi verso i vostri obiettivi condivisi. Siate pronti ad adattare i vostri piani se le circostanze cambiano o se scoprite nuove informazioni o opportunità.

- **Supporto e Incoraggiamento**: Offritevi supporto e incoraggiamento reciproco nel perseguimento di questi obiettivi. Celebrate i successi, grandi e piccoli, e fornite conforto e motivazione nei momenti di difficoltà o incertezza.

- **Riflessione e Crescita**: Riflettete regolarmente sul percorso che state percorrendo insieme. Questo può essere un momento per valutare la direzione della vostra relazione e per discutere di eventuali aggiustamenti o nuovi obiettivi.

Concludendo la sfida del piano di vita di coppia, ci prepariamo per la "Sfida della Crescita Condivisa:

Impegnarsi in un'attività di crescita personale".
Questo passaggio dalla pianificazione del futuro
alla crescita personale attiva sottolinea
l'importanza di continuare a svilupparsi come
individui all'interno di una relazione di supporto.
Attraverso queste sfide, le coppie possono
costruire un futuro che non solo rispecchia i loro
sogni condivisi, ma che è anche arricchito dal
continuo sviluppo personale e reciproco.

10.2. Sfida della Crescita Condivisa: Impegnarsi in un'attività di crescita personale

Nel Capitolo 10, "Costruire un Futuro di
Avventure", la "Sfida della Crescita Condivisa"
invita le coppie a impegnarsi in un'attività che
promuova la crescita personale di entrambi i
partner. Questa sfida si concentra sullo sviluppo
personale all'interno del contesto della relazione,
riconoscendo che il miglioramento individuale
contribuisce al benessere complessivo della
coppia.

→ **Selezione dell'Attività di Crescita Personale**: Iniziate scegliendo un'attività o un percorso che favorisca la vostra crescita personale. Questo potrebbe essere qualcosa come frequentare un corso insieme, imparare una nuova abilità, dedicarsi allo yoga o alla meditazione, o leggere e discutere un libro che stimoli la crescita personale.

→ **Stabilire Obiettivi Condivisi e Individuali**: Mentre intraprendete questa attività, stabilite sia obiettivi condivisi che individuali. Questi obiettivi dovrebbero riflettere ciò che sperate di ottenere attraverso l'attività, sia come individui che come coppia.

→ **Programmazione e Impegno**: Programmate regolarmente momenti per dedicarvi a questa attività. L'impegno costante è fondamentale per il successo di questa sfida. Assicuratevi che entrambi i partner diano priorità a questi momenti, trattandoli come un'importante parte del vostro sviluppo condiviso.

→ **Riflessione e Discussione**: Dopo ogni sessione o esperienza legata all'attività, prendetevi del tempo per riflettere e discutere ciò che avete imparato o sperimentato. Questo è un momento per condividere intuizioni, sfide e progressi.

→ **Sostegno e Incoraggiamento Mutuo**: Sostenetevi a vicenda nel percorso di crescita. Celebrate i progressi dell'altro e offrite supporto e comprensione nei momenti di difficoltà.

→ **Valutazione dell'Impatto sulla Relazione**: Riflettete regolarmente su come questa attività stia influenzando la vostra relazione. Avete notato cambiamenti nella vostra comunicazione, comprensione reciproca o livello di connessione?

→ **Adattamento e Flessibilità**: Siate pronti ad adattare il vostro approccio o a cambiare attività se scoprite che non sta funzionando come previsto. La chiave è trovare qualcosa che sia significativa e arricchente per entrambi.

Concludendo la sfida della crescita condivisa, ci avviciniamo al prossimo punto, "Pianificare le Future Sfide: Ideare nuove sfide future". Questo passaggio sottolinea l'importanza di una continua esplorazione e innovazione nella relazione. Mantenere una prospettiva rivolta al futuro e un impegno verso nuove esperienze e sfide assicura che la relazione rimanga vivace, dinamica e in continua evoluzione.

10.3. Pianificare le Future Sfide: Ideare nuove sfide future

La sfida "Pianificare le Future Sfide" invita le coppie a guardare avanti, ideando e anticipando nuove sfide ed esperienze che possano arricchire la loro relazione. Questa attività è volta a stimolare la creatività, promuovere il dialogo costruttivo e mantenere una prospettiva dinamica e ottimista per il futuro della coppia.

174

✓ **Brainstorming per il Futuro**: Iniziate con una sessione di brainstorming per generare idee per future sfide ed esperienze. Questo può includere viaggi, progetti personali o condivisi, obiettivi di vita, nuove abilità da imparare, o modi per contribuire alla vostra comunità. L'obiettivo è pensare liberamente e ampiamente.

✓ **Valutazione delle Idee**: Dopo aver generato una varietà di idee, passate a valutarle insieme. Discutete di come ogni sfida potrebbe arricchire la vostra relazione, contribuire alla vostra crescita personale e condivisa e allinearsi con i vostri valori e obiettivi di vita.

✓ **Pianificazione e Priorità**: Scegliete quali sfide vorreste intraprendere per prime. Considerate fattori come la fattibilità, i tempi, le risorse necessarie e l'impatto desiderato. Stabilite un piano di azione per come e quando iniziare a lavorare su queste sfide.

✓ **Impegno e Supporto**: Impegnatevi a supportarvi a vicenda nel perseguimento di queste nuove sfide. Questo può significare incoraggiare il partner, aiutarsi a vicenda nei momenti difficili, o semplicemente celebrare i progressi e i successi insieme.

✓ **Flessibilità e Apertura al Cambiamento**: Mentre pianificate queste sfide future, rimanete aperti a modificare i piani o ad adattare le vostre idee. La vita può cambiare, e con essa possono cambiare anche i vostri interessi e le vostre capacità.

✓ **Documentazione del Viaggio**: Considerate di documentare il vostro viaggio attraverso queste sfide. Questo potrebbe essere fatto tramite un diario condiviso, una raccolta di foto o anche un blog. Questa documentazione può servire come prezioso ricordo delle vostre esperienze condivise.

✓ **Riflessione e Valutazione**: Periodicamente, prendetevi del tempo per riflettere sulle sfide intraprese e sul loro impatto sulla vostra relazione. Questo è un momento per valutare ciò che funziona, ciò che potrebbe essere migliorato e per pianificare adeguatamente le future avventure.

Concludendo la pianificazione delle future sfide, ci prepariamo per la "Sfida dell'Imparare Insieme: Iscriversi a un corso o attività insieme". Questo passaggio dall'ideazione di nuove sfide all'apprendimento condiviso in un ambiente strutturato mette l'accento sull'importanza dell'apprendimento e della crescita continua come coppia. Attraverso queste attività condivise, le coppie possono non solo acquisire nuove conoscenze e abilità, ma anche rafforzare la loro connessione e comprensione reciproca.

10.4. Sfida dell'Imparare Insieme: Iscriversi a un corso o attività insieme

In questo capitolo, la sfida "Imparare Insieme" è focalizzata sull'arricchimento della relazione attraverso l'apprendimento condiviso. Questa sfida incoraggia le coppie a iscriversi e partecipare insieme a un corso, un'attività o un hobby, promuovendo la crescita personale e di coppia attraverso nuove esperienze di apprendimento.

- **Scelta del Corso o dell'Attività**: Iniziate scegliendo un corso o un'attività che interessi entrambi. Potrebbe essere qualcosa di creativo come un corso di pittura o di cucina, un'attività fisica come yoga o arrampicata, o un ambito accademico o di sviluppo personale come un corso di lingua straniera o di gestione dello stress. La chiave è trovare qualcosa che entrambi troviate stimolante e gratificante.

- **Pianificazione e Impegno**: Una volta scelto il corso o l'attività, pianificate come inserirlo nella vostra routine. Iscrivetevi insieme e impegnatevi a partecipare regolarmente. Trattate questo impegno come una parte importante della vostra relazione e del vostro tempo condiviso.

- **Esperienza di Apprendimento Condiviso**: Durante il corso o l'attività, sperimentate l'apprendimento condiviso. Aiutatevi a vicenda, condividete le vostre intuizioni e sfide, e incoraggiatevi reciprocamente nel processo di apprendimento.

- **Riflessione e Discussione**: Dopo ogni sessione, prendetevi del tempo per riflettere e discutere ciò che avete imparato. Questo è un momento per condividere le vostre esperienze individuali e per esplorare come l'attività stia influenzando la vostra relazione.

- **Apprezzamento della Crescita dell'Altro**: Mentre procedete nell'attività o nel corso, mostrate apprezzamento per la crescita e il progresso dell'altro. Celebrate i piccoli successi e offrite sostegno nei momenti di difficoltà.

- **Valutazione dell'Impatto sulla Relazione**: Periodicamente, valutate come l'attività di apprendimento condiviso stia influenzando la vostra relazione. Questo può includere miglioramenti nella comunicazione, una maggiore comprensione reciproca, o semplicemente il piacere di avere un'esperienza condivisa.

- **Adattabilità e Flessibilità**: Siate flessibili e aperti a modificare il vostro percorso di apprendimento condiviso. Se un corso o un'attività non si rivela come previsto, considerate di cambiarlo o di provarne un altro. L'importante è che l'esperienza sia arricchente per entrambi.

Concludendo la sfida dell'imparare insieme, ci avviciniamo al punto finale del libro. Questa conclusione sottolinea l'importanza di mantenere una prospettiva aperta e curiosa nella relazione, incoraggiando le coppie a continuare a esplorare, crescere e innovare insieme. Le sfide affrontate nel libro sono solo l'inizio di un viaggio continuo di scoperta e avventura, offrendo una fonte inesauribile di opportunità per arricchire e vivacizzare la relazione.

10.5. Abbracciare l'Infinito: Incoraggiare a mantenere vivo lo spirito di avventura

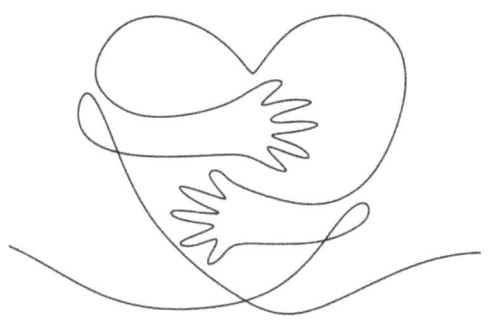

Siamo giunti alla conclusione, e questo rappresenta un momento per riflettere sul percorso condiviso delle coppie attraverso le varie sfide presentate nel libro e per guardare avanti con un senso di speranza, curiosità e impegno rinnovato. Questa sezione finale incoraggia le coppie a continuare ad abbracciare nuove avventure, a coltivare la crescita e a nutrire il loro legame in modi sempre più profondi e significativi.

★ **Riflessione sul Viaggio**: Iniziate riflettendo sul viaggio che avete compiuto insieme attraverso le sfide del libro. Considerate come ogni sfida abbia contribuito alla vostra crescita personale e di coppia. Quali sono stati i momenti più gratificanti? Cosa avete imparato l'uno dell'altro?

★ **Celebrazione dei Successi e delle Crescite**: Prendetevi un momento per celebrare i successi e le scoperte realizzate lungo il cammino. Ogni sfida superata, ogni nuovo livello di comprensione raggiunto e ogni momento di gioia condivisa rappresentano pietre miliari importanti nella vostra relazione.

★ **Mantenere Vivo lo Spirito di Avventura**: Discutete di come potete mantenere vivo lo spirito di avventura nella vostra relazione. Questo può includere la pianificazione di regolari attività nuove, continuando a stabilire obiettivi condivisi, o semplicemente rimanendo aperti e curiosi l'uno nei confronti dell'altro.

★ **Impegno per il Futuro**: Ribadite il vostro impegno a crescere insieme nel futuro. Stabilite come potete continuare a supportarvi a vicenda, sfidare l'uno l'altro e condividere esperienze che arricchiscono la vostra relazione.

★ **Flessibilità e Apertura al Cambiamento**: Riconoscete l'importanza di essere flessibili e aperti ai cambiamenti che la vita porta. Siate pronti ad adattare i vostri piani e ad accogliere nuove opportunità di crescita e apprendimento.

★ **Continua Esplorazione e Innovazione**: Incoraggiatevi a esplorare continuamente nuovi orizzonti, sia insieme sia individualmente. Questo potrebbe significare viaggiare in nuovi luoghi, esplorare nuovi hobby o interessi, o impegnarsi in attività di crescita personale e professionale.

★ **Condivisione e Ascolto Attivo**: Mantenete una comunicazione aperta e onesta come fondamento della vostra relazione. Continuate a praticare l'ascolto attivo e la condivisione empatica, riconoscendo che ogni persona cresce e cambia nel tempo.

★ **Un Finale Gratificante:** Concludete il libro con un senso di realizzazione e anticipazione. La fine di questo libro non è la fine del viaggio di coppia, ma piuttosto un trampolino di lancio verso future avventure e scoperte. Concludete con una nota di ottimismo e speranza, riaffermando l'amore, il rispetto e l'ammirazione reciproci e l'eccitazione per tutto ciò che il futuro può portare.

Attraverso "Abbracciare l'Infinito", le coppie sono invitate a vedere ogni giorno come un'opportunità per imparare, crescere e vivere insieme in modo più profondo e soddisfacente, continuando a scrivere la loro storia unica con gioia, curiosità e amore.

P.S.: In aggiunta a tutte queste magnifiche attività e sfide vi consigliamo di ricordarvi di fare SE*SO almeno 3-4 volte a settimana, altrimenti questo libro non avrà senso di esistere. 😊

RINGRAZIAMENTI

Se pensi che questo libro ti sia piaciuto e ti abbia aiutato ti chiedo di dedicare pochi secondi a lasciare una breve recensione su Amazon!

Grazie,

Da *Routine Ribelle*

www.ingramcontent.com/pod-product-compliance
Lightning Source LLC
Chambersburg PA
CBHW070903290526
45795CB00001B/225